HABLANDO CLARO

Diccionario de la Jerga Puertorriqueña

Por:

Charlene Sánchez

Dragonflies Publishing

Hablando Claro: Diccionario de la Jerga Puertorriqueña

© 2025 Charlene Sánchez

© 2025 Dragonflies Publishing

ISBN: 979-8-9881780-4-0

Número de control de la Biblioteca del Congreso: 2025903833

Primera edición: 1 de marzo de 2025

Diseño de portada y diagramación: CM Designs / ⊙ cmstudio_designs

Dedicado a mis hijos.

Este libro es su pasaporte al alma boricua, un recordatorio de que, no importa dónde estén, siempre llevan a Puerto Rico en su corazón.

INTRODUCCIÓN

Puerto Rico no es solo una isla en el Caribe; es un lugar donde las palabras tienen vida propia, donde las frases cuentan historias y donde cada expresión refleja nuestra alegría, historia y tradiciones. Este libro, *Hablando Claro: Diccionario de la Jerga Puertorriqueña*, es mi manera de preservar y compartir esa riqueza que nos hace únicos como pueblo. Cada palabra que encontrarás aquí es parte de nuestra identidad, transmitida de generación en generación con orgullo y creatividad.

Como madre de tres hijos que se crían en la diáspora, mi mayor inspiración es mantener viva nuestra cultura en sus corazones. Quiero que, sin importar dónde estén, puedan sentir un vínculo con la tierra de sus raíces. Este libro es para ellos y para todos los que desean conocer más sobre las expresiones que forman parte de nuestra vida cotidiana.

Nuestro idioma, con su mezcla de influencias taínas, africanas y españolas, cuenta la historia de un pueblo que ha sabido adaptarse y reinventarse. Las palabras que usamos todos los días no solo comunican, también conectan. En Puerto Rico, la jerga es más que palabras; es cómo reímos, cómo nos entendemos y cómo enfrentamos la vida con humor y resiliencia.

Aunque muchas de las expresiones en este libro son exclusivamente nuestras, también encontrarás palabras que existen en otros países o regiones, pero que en Puerto Rico han adquirido un significado único. Estas palabras reflejan cómo hemos hecho nuestra una lengua rica y diversa, adaptándola a nuestra realidad y dándole un toque muy especial.

Además, este diccionario es un homenaje a nuestra capacidad de reinventar el lenguaje. Somos un pueblo que transforma lo cotidiano en arte, y nuestra jerga es prueba de eso. Las expresiones que usamos son reflejo de nuestra creatividad, de cómo convertimos lo simple en algo que tiene sabor, color y música.

Las palabras no solo nos conectan con otros, también son un puente hacia nuestra historia y nuestras raíces. Muchas de estas expresiones nacen del ingenio, del humor y de la experiencia diaria, y tienen la capacidad de transmitir una esencia que va más allá de su significado literal.

La jerga puertorriqueña no es solo una forma de hablar; es una manera de ser. Es el idioma que escuchamos en las calles, en las reuniones familiares, en las canciones y en las historias que compartimos. Es una parte esencial de lo que somos como pueblo, y cada palabra es una pequeña pieza del rompecabezas que cuenta nuestra historia.

Este diccionario no tiene todas las palabras ni todas las respuestas, pero busca capturar la esencia de nuestro día a día. Mi deseo es que, al leerlo, te sientas transportado a las calles de la isla, a las conversaciones llenas de humor y cariño que nos caracterizan, y a esos momentos en los que las palabras nos unen.

Finalmente, espero que estas páginas sean útiles para quienes quieran aprender sobre nuestra jerga y también para aquellos que, como mis hijos, desean mantener un lazo vivo con sus raíces. Las palabras tienen el poder de cruzar fronteras y de recordarnos quiénes somos. Este libro es una celebración de eso: de nuestra cultura, de nuestro idioma y de nuestra capacidad de mantenernos conectados, no importa dónde estemos.

GUÍA DE PRONUNCIACIÓN DEL ESPAÑOL PUERTORRIQUEÑO

El español puertorriqueño tiene un ritmo y una entonación distintivos que lo diferencian de otras variantes del idioma.

A continuación, se presentan algunas características clave de la pronunciación y fonética que te ayudarán a comprender mejor la jerga puertorriqueña.

Eliminación de la "s" al final de sílabas

En muchas palabras, la "s" al final de una sílaba suele suavizarse o desaparecer por completo.

Ejemplo: *Estás loco* → *Etá loco*

Aspiración de la "s" al final de palabras

Muchas veces, la "s" al final de una palabra se convierte en un sonido suave parecido a una "j" aspirada o incluso desaparecen.

Ejemplo: *Casas* → *Casaj*

Intercambio de "r" y "l" en el habla coloquial

En algunas zonas de Puerto Rico, es común que la "r" se pronuncie como "l" y viceversa.

Ejemplo: *Puerto Rico* → *Puelto Rico*

Omisión de la "d" en palabras terminadas en "ado"

La "d" en palabras terminadas en "-ado" a menudo se omite, resultando en un sonido más relajado.

Ejemplo: *Cansado → Cansao*

Uso extendido del "ch" en lugar de "sh" y "s" fuerte

Algunas palabras extranjeras que en otras regiones se pronuncian con "sh" o una "s" fuerte se adaptan con "ch".

Ejemplo: *Shopping → Chopping*

Pronunciación nasal de la "n" final

En palabras terminadas en "n", especialmente en el habla rápida, la "n" puede sonar más nasalizada.

Ejemplo: *Bien → Bie'ng*

Acento rítmico y melodía del habla

El español puertorriqueño tiene un tono melódico y rápido con una musicalidad particular, influenciado por el ritmo africano y taíno.

› Se enfatizan ciertas sílabas para dar énfasis o expresar gran emoción.

› Uso de interjecciones como *Ave María, Mano, Wepa*, que refuerzan la expresividad.

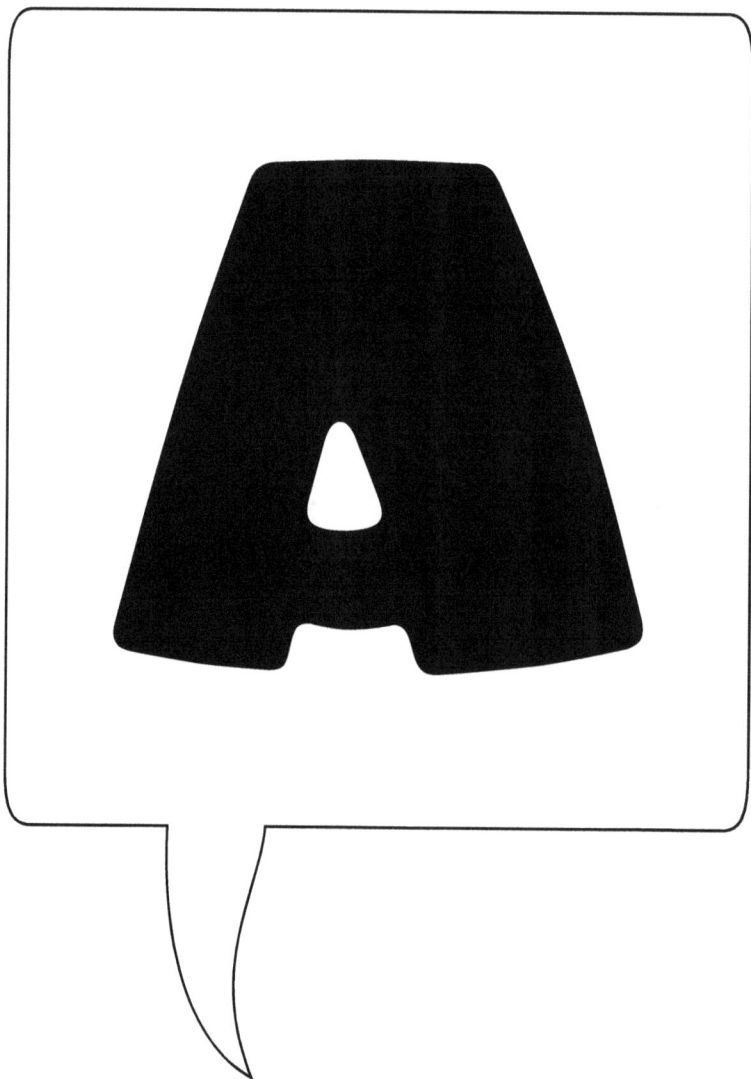

ABOMBAO

Significado: Adjetivo que describe algo que huele mal o está descompuesto, como alimentos dañados o ropa que ha sido almacenada o secada en condiciones inadecuadas.

Uso en oración: *"Me vendieron la nevera a precio de pescao' abombao."* *"Dejaste la ropa en la lavadora demasiado tiempo y ahora está abombá."*

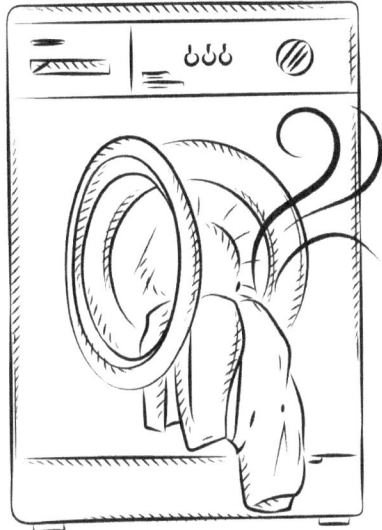

Nota cultural: En Puerto Rico se utiliza este término reflejando el impacto del clima tropical en la vida cotidiana, donde el calor y la humedad son factores clave en la conservación de alimentos y textiles.

ABORRECÍO

Significado: Adjetivo usado para describir a una persona que está irritada, de mal humor y sin ánimo de interactuar con los demás.

Uso en oración: *"No le digas nada ahora que está aborrecía de tanto estudiar."*

Nota cultural: Deriva del verbo "aborrecer", que en su forma general significa detestar o tener aversión. Se usa comúnmente para expresar un estado de ánimo negativo.

ACHICHARRÁ

Significado: Verbo que se usa para describir cuando algo se cocina o se expone al calor en exceso, al punto de quedar quemado. También se emplea de manera figurada para expresar la sensación de quemarse por el intenso calor, especialmente por la exposición prolongada al sol.

Uso en oración: *"Cuidado con dejar el pollo mucho tiempo en la parrilla que se te va achicharrar." "Después de horas bajo el sol, me sentí completamente achicharrá."*

Origen: La palabra "achicharrar" deriva del verbo "chicharrar", relacionada con el término "chicharrón", reflejando la influencia de la cocina española.

ACHO

Significado: Abreviada de la palabra "muchacho", se utiliza como interjección para expresar sorpresa o cualquier tipo de emoción.

Uso en oración: *"Acho, está brutal lo que me hiciste."*

Nota cultural: Esta palabra se combina a menudo con la palabra "chico" ("Acho, chico") para dar énfasis, reflejando el estilo relajado y expresivo del habla local.

ACICALAO

Significado: Se utiliza para describir a una persona que está bien arreglada y tiene buen estilo.

Uso en oración: *"Por lo general Juan se viste algarete, pero anoche en la fiesta se veía bien acicalao con su traje nuevo."*

Origen: La palabra proviene de "acicalar" que significa embellecer o arreglar algo. En Puerto Rico, esta expresión se adapta para describir a alguien que se ve particularmente elegante o bien presentado.

ACURRUCAO

Significado: Acción de abrazarse o encogerse en una posición cómoda, buscando calor o seguridad.

Uso en oración: *"Después de un día largo en el trabajo, lo que quiero es llegar a casa y acurrucarme en la cama."*

Nota cultural: En la cultura puertorriqueña, este término también se asocia con momentos íntimos y de conexión familiar o emocional.

ADOBAO

Significado: Adjetivo utilizado para describir a una persona que está sudada o tiene un olor fuerte debido a la transpiración excesiva.

Uso en oración: *"Después de jugar baloncesto todo el día, llegó a la casa todo adobao."*

Nota cultural: En el habla puertorriqueña, "adobao" se refiere al olor fuerte del sudor, comparándolo con humor al proceso de adobar carnes con especias fuertes.

AFRENTAO

Significado: Adjetivo que describe a una persona codiciosa, especialmente cuando se trata de comida o posesiones.

Uso en oración: *"No seas tan afrentao' y deja que los otros coman de los pasteles que hizo abuela."*

Nota cultural: En Puerto Rico se puede describir a una persona como "afrentao'" de manera jocosa, como también en forma de crítica contra alguien que actúa con avaricia y egoísmo.

A FUEGO

Significado: Expresión utilizada para señalar que algo está excelente, perfecto o hecho con gran calidad. También se usa para describir a una persona que es buena gente, genuina, confiable y llena de energía positiva.

Uso en oración: *"Esa fiesta estuvo a fuego." "Alejandro es un pana a fuego, siempre está para el que lo necesite."*

Origen: La expresión probablemente proviene de la idea de "fuego" como símbolo de intensidad que con el tiempo se extendió a describir personas o situaciones que se consideran destacadas o admirables.

AGUAJERO

Significado: Se usa para describir a alguien que pretende ser más de lo que realmente es, o que exagera su estatus o habilidades para llamar la atención de otros.

Uso en oración: *"No confíes en ella, es una aguajera que siempre dice que va, pero nunca aparece."*

Origen: La palabra proviene de "aguaje", que significa un pretender o aparentar algo. En su origen, "aguajero" alude a alguien que está dando "agua" o promesas vacías, algo que no tiene sustancia.

AGÚZATE

Significado: Expresión que se utiliza para exhortar a alguien a estar alerta, a prestar atención o a ponerse más astuto y listo ante una situación.

Uso en oración: *"Si vas a salir con ese tipo, agúzate que es bien listo y mete un chorro de embustes."*

Nota cultural: En Puerto Rico, "agúzate" es una manera directa de decirle a alguien que se ponga más alerta o se prepare para enfrentar una situación o persona que requiere rapidez mental. Puede tener un tono de advertencia o de consejo entre amigos.

AJÁ

Significado: Interjección utilizada en Puerto Rico para expresar sorpresa, entendimiento, o incredulidad, dependiendo del contexto y la entonación. Puede servir para confirmar que se ha comprendido algo, o para mostrar asombro o escepticismo ante una situación.

Uso en oración: *"Ajá sí, ya mismo te llamo." "Si ajá, ya quisiera ella."*

Origen: La palabra "aja" tiene sus raíces en interjeccciones utilizadas para señalar comprensión o sorpresa, y en Puerto Rico se ha popularizado como una forma de reaccionar a situaciones tanto cotidianas como las más sorprendentes y fuera de lo común.

AJORAR

Significado: Verbo que se refiere a la acción de hacer algo de manera rápida o apresurada, especialmente cuando se siente presión o urgencia. Se usa para describir situaciones donde alguien está apurado o tratando de terminar una tarea sin demora.

Uso en oración: *"Siempre me ajoro cuando tengo que llegar a una cita y se que voy a coger el tapón del expreso."*

Nota cultural: En Puerto Rico, "ajorar" refleja rapidez y la sensación de presión que muchas veces experimentan

personas en su día a día. Es una palabra que resalta el ritmo acelerado que, a veces, caracteriza a la vida en la isla.

AJUMAO

Significado: Adjetivo coloquial que describe a una persona que está bajo los efectos del alcohol, ya sea ligeramente mareada o completamente ebria.

Uso en oración: *"Se tomó solo dos cervezas y ya estaba completamente ajumao."*

Origen: La palabra proviene de "ahumar", una referencia a estar "ahumado" o cubierto de humo, que en contexto se relaciona con el aturdimiento que desarrolla una persona tras beber alcohol en exceso.

ALCAPURRIA

Significado: Delicia puertorriqueña elaborada con una masa hecha de yuca o plátano verde rellena con carne guisada (de res o de cerdo), que luego se fríe hasta quedar dorada y crujiente por fuera.

Uso en oración: *"Me compré una alcapurria en Piñones que estaba pa' chuparse los dedos."*

Origen: El nombre "alcapurria" proviene de influencias indígenas y africanas, con una mezcla de ingredientes locales y técnicas culinarias adaptadas a la cultura puertorriqueña. Se han convertido en un emblema de la comida callejera y una de las favoritas en cualquier parranda o fiesta de pueblo.

ALGARO

Significado: Expresión que se utiliza para describir algo increíble, sea evento o actitud de una persona.

Uso en oración: "*Cuando Bad Bunny salió a la tarima el público se puso algaro en cuestión de segundos.*"

Origen: El origen de esta palabra podría derivar de *algarete*, refiriéndose a algo hecho "a lo loco", o de *algarabía*, que significa jolgorio o bullicio.

Variantes creativas: Otras maneras en la que los boricuas utilizan esta palabra es *algaretosqui* y su original, *algarete*.

ALICATE

Significado: Se refiere a un amigo cercano, compañero o compinche dispuesto a ayudar o asistir al momento en que lo necesiten.

Uso en oración: "*Vamos a llamarlo, él es mi alicate y de seguro nos ayuda con eso.*"

Nota cultural: Aunque el término original se refiere a una herramienta de agarre, en este contexto adquiere un matiz coloquial que resalta la idea de ser útil y que actúa como mano derecha.

AMOTETAO

Significado: Adjetivo que describe a alguien con poca energía, decaído o sin ánimo, generalmente como resultado de una enfermedad, cansancio extremo o alguna preocupación.

Uso en oración: "*Dito el nene se ve bien amotetao, como si le fuera empezar un catarro.*"

Nota cultural: La palabra "amotetao" comúnmente se utiliza en la isla para describir una decaimiento emocional o físico. Se emplea de manera que refleja la conexión entre los puertorriqueños y su lenguaje emocional.

AÑOÑAO

Significado: Adjetivo que se usa para describir a una persona que está consentida o acostumbrada a recibir muchas atenciones.

Uso en oración: "*Ese nene está bien añoñao, siempre quieren que lo estén cargando.*"

Origen: La palabra proviene de "ñoño", que en español se asocia con ser excesivamente sensible o mimado.

10

APEARSE

Significado: Verbo que significa bajarse de un vehículo o modo de transporte.

Uso en oración: "*Nos apeamos de la guagua frente a la farmacia de la comunidad.*"

Origen: La palabra "apearse" proviene del latín "appĕndēre", que significa colgar o bajar.

APESTILLARSE

Significado: Verbo que se utiliza para describir cuando una pareja de novios se abraza y besa de manera prolongada y apasionada, a menudo en público. También puede referirse a una persona que se acomoda en un lugar sin intención de moverse.

Uso en oración: "*No se apestillen tanto que hay niños mirando.*"

Nota cultural: Este término coloquial se puede decir en tono de crítica como de manera humorística entre amigos para bromear sobre las muestras de cariño excesivas.

ARRANCAO

Significado: Adjetivo que se usa en Puerto Rico para referirse a una persona que no tiene mucho dinero, generalmente en una situación económica difícil o apretada. Es sinónimo de "pelao" y describe a alguien que está pasando por un momento de escasez económica.

Uso en oración: *"Me quedé bien arracao después de pagar todas las cuentas."*

Origen: El término "arrancao" proviene del verbo "arrancar", que en este contexto se asocia con la idea de "quitar" o "despojar", haciendo alusión a la falta de recursos monetarios.

ARREGUINDAO

Significado: Adjetivo que describe a una persona que está aferrada a algo. También puede usarse en sentido figurado para referirse a una persona que depende excesivamente de otros, ya sea económica o emocionalmente. Se puede utilizar también para describir a una persona o cosa que está colgada, suspendida o aferrada a algo, generalmente de manera poco estable o forzada.

Uso en oración: *"Dejé la cartera arreguindá de la puerta."* *"Siempre anda arreguindao de su primo para que lo lleve a todos lados."*

Nota cultural: En Puerto Rico este término tiene un matiz de crítica ligera o humor para señalar actitudes dependientes o comportamientos insistentes, aunque también se utiliza para describir objetos que cuelgan.

ASOPAO

Significado: Plato tradicional puertorriqueño que consiste en una sopa espesa hecha con arroz, carne (pollo, cerdo o mariscos), y una mezcla de vegetales y condimentos.

Uso en oración: *"Nada mejor que el asopao que hace mami, después de un día de lluvia."*

Nota cultural: El asopao es uno de los platos más representativos de la cocina puertorriqueña. Es especialmente popular durante los días fríos o para bajar la juma provocada por el alcohol.

AVERIGUAO

Significado: Adjetivo que se refiere a una persona que está excesivamente interesada en conocer los detalles de la vida de los demás o en investigar algo, especialmente de manera indiscreta. Es comúnmente usado para describir a una persona que se mete en los asuntos de los demás sin ser invitado.

Uso en oración: *"Cuidao' que esa doña es bien averiguá y se pasa haciendo preguntas para contárselo a todo el mundo."*

Origen: Viene del verbo "averiguar", que significa investigar o buscar información, pero al agregar el sufijo "-ao", se convierte en una expresión coloquial que transmite una idea de exceso o intrusión.

14

BABILLA

Significado: Sustantivo que se utiliza para referirise a la valentía y atrevimiento que alguien demuestra al enfrentar situaciones complicadas o desafiantes.

Uso en oración: *"Hay que tener babilla para hablar frente a tanta gente."*

Origen: El término proviene de la referencia anatómica a una parte del cuerpo de ciertos animales, como los anfibios y reptiles, lo que metafóricamente se relaciona con la fortaleza y firmeza del carácter humano.

BACALAÍTO

Significado: Aperitivo frito que se hace a base de bacalao salado desmenuzado, mezclado con harina, especias y otros ingredientes. Se fríe hasta quedar crujiente por fuera y suave por dentro, y es muy popular en frituras o comida rápida en las zonas costeras de la isla como Piñones.

Uso en oración: *"Me acabo de comer un bacalaíto que estaba por la maceta."*

Nota cultural: El "bacalaíto" es una de las frituras más tradicionales de Puerto Rico, especialmente en playas o mercados. Su preparación es simple pero sabrosa.

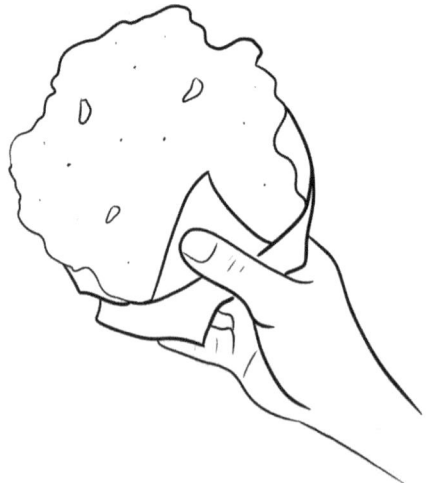

BACALAO

Significado: En Puerto Rico, el término "bacalao" se usa para referirse a una persona que es floja, vaga o que no tiene ganas de hacer nada. Además, se emplea para describir a alguien que es malo en lo que hace, como en el deporte, donde no muestra habilidad o destreza.

Uso en oración: *"Mere bacalao, tu nunca haces nada y siempre te pasas buscando excusas."*

Origen: El bacalao, un pescado salado y seco, se asocia con la falta de movimiento o vitalidad, lo que hace se use para describir a personas flojas o ineficientes en algo.

BACHE

Significado: Se refiere a un hueco o irregularidad en la superficie de una calle o carretera lleno de agua, causado por el deterioro del pavimento, el desgaste por el paso del tiempo o el clima.

Uso en oración: *"Hay un bache gigante en la avenida que está dañando los carros que le pasan por encima."*

Nota cultural: Los baches son una preocupación común en Puerto Rico, donde la infraestructura vial puede verse afectada por el clima tropical y el paso del tiempo. Los conductores y habitantes a menudo mencionan los baches en sus quejas sobre las condiciones de las calles.

Origen: La palabra proviene del francés *bâche*, que significa "hueco" o "agujero".

BACKEO

Significado: Sustantivo utilizado para referirse al respaldo o apoyo que una persona brinda a otra, especialmente en situaciones donde se necesita ayuda o confianza.

Uso en oración: *"Tiene el backeo incondicional de la familia de la novia."*

Origen: El término "backeo" deriva de la palabra en inglés "backing", que se refiere al acto de respaldar o apoyar.

BATATERO

Significado: Adjetivo que describe a una persona vaga, floja o torpe. Se emplea de manera coloquial para referirse a alguien que no realiza sus responsabilidades o es considerado inútil.

Uso en oración: *"Ese tipo es un batatero, nunca hace nada en la casa. "*

Variantes creativas: Otras maneras en la que los boricuas utilizan esta palabra es *batata* y *zopenco*.

BAYOYA

Significado: Sinónimo de alboroto, relajo o situación caótica llena de ruido y desorden. Se emplea para referirse a cualquier tipo de agitación o jaleo que ocurra, ya sea en un evento social o en un lugar donde las cosas se salen fuera de control y ocasionan caos.

Uso en oración: *"Se armó tremenda bayoya tan pronto llegaron a la fiesta."*

Variantes: Otras palabras que se utilizan en el mismo contexto son *guachafita, alboroto* o *revolú.*

BEMBÉ

Significado: Fiesta animada y llena de música, baile y algarabía. Se asocia con celebraciones donde el ambiente es vibrante, destacando la energía y el espíritu festivo.

Uso en oración: *"Organizaron un bembé en plena calle."*

Nota cultural: El "bembé" es una muestra de la pasión por la música y la celebración en la cultura puertorriqueña. Este tipo de fiesta suele incluir géneros como la bomba, la plena y la salsa.

BEMBES

Significado: Manera coloquial de referirse a los labios, especialmente cuando son grandes o sobresalientes. A menudo se emplea en tono jocoso o afectuoso.

Uso en oración: *"Tiene unos bembes tan grandes que se ven desde un avión."*

Origen: La palabra "bembes" proviene de "bemba", un término que se usa en varios países de habla hispana para describir los labios prominentes, especialmente en contextos informales.

BIBI

Significado: Se refiere a la botella de bebé, generalmente utilizada para alimentar a los niños pequeños con leche materna o fórmula.

Uso en oración: *"El bebé empezó a llorar porque se le cayó el bibi y sigue con hambre."*

Origen: La palabra es una adaptación fonética del término *biberón*, simplificada para facilitar su uso, especialmente por los niños.

BIMBAZO

Significado: En Puerto Rico, se refiere a un golpe fuerte, ya sea físico o figurado. También puede usarse para describir un impacto inesperado sea por una caída o una noticia que causa gran impresión.

Uso en oración: *"Al muchacho le dieron zendo bimbazo por ser un atrevido."*

Origen: El término "bimbazo" parece derivar del sonido "bim" que imita el ruido de un golpe o impacto, adaptado en el lenguaje coloquial para añadir énfasis y dramatismo. En el contexto puertorriqueño, se ha enriquecido con matiz exagerado que encaja con la jerga local.

BIOCO

Significado: En Puerto Rico, "bioco" se utiliza para describir un ataque repentino al corazón, ya sea literal o figurado, como cuando alguien recibe una sorpresa o susto muy fuerte.

Uso en oración: *"Por poco me dio un bioco cuando llegó la factura de la luz."*

Origen: El uso de "bioco" en este sentido es una adaptación creativa del habla popular puertorriqueña, que a menudo emplea palabras de manera figurada para describir situaciones cotidianas con humor y dramatismo. Aunque su origen exacto es incierto, refleja la vivacidad y expresividad del lenguaje boricua.

BIRRA

Significado: Sustantivo usado en Puerto Rico para referirse a la cerveza de manera coloquial e informal.

Uso en oración: *"Estamos pensando en pedir unas birras para relajarnos después del trabajo."*

Origen: La palabra "birra" proviene del italiano *birra*, que significa "cerveza", y ha sido adoptada por diversas comunidades hispanohablantes.

BLIN BLIN

Significado: Término usado para describir el brillo, lujo o extravagancia, especialmente relacionado con prendas (joyas), accesorios o vestimenta que se destacan por su estilo llamativo y deslumbrante.

Uso en oración: *"Llegó al pueblo usando un montón de blin blin; parece que tiene chavos."*

Nota cultural: La expresión "blin blin" se ha popularizado en Puerto Rico a través de la música urbana, especialmente el reguetón. Representa, no solo el lujo material, sino también un estilo de vida llamativo asociado con el éxito y la influencia.

BOBO

Significado: Se utiliza para referirse al chupete o chupón de bebé, un accesorio diseñado para calmar y consolar a los niños pequeños.

Uso en oración: *"Pásame el bobo pa' dárselo al nene que no para de llorar."*

Nota cultural: En el habla puertorriqueña, el término "bobo" es ampliamente conocido y usado en contextos familiares que refleja la cercanía entre padres e hijos, siendo parte de los objetos esenciales para el cuidado del bebé, sea recién nacido o un niño pequeño.

BOCA CALLE

Significado: Se refiere al lugar donde una calle secundaria desemboca o conecta con una calle principal. También puede usarse para describir esquinas o puntos de intersección en áreas urbanas.

Uso en oración: *"Mi casa queda en la segunda boca calle, a mano izquierda, después del Pare."*

Nota cultural: En Puerto Rico se utiliza para ubicar puntos de encuentro o dar direcciones, reflejando la importancia de la orientación en comunidades que suelen ser cercanas.

BOCHINCHERO

Significado: Se usa para describir a una persona que disfruta creando o difundiendo chismes, rumores y conflictos. Este tipo de persona se involucra en situaciones problemáticas o escandalosas, generalmente generando incomodidades entre las personas.

Uso en oración: *"Ese bochinchero siempre está metido en los problemas de los demás."*

Nota cultural: En Puerto Rico, esta palabra tiene una connotación negativa, ya que implica que la persona disfruta alimentar el escándalo o el conflicto.

BOCHORNO

Significado: En Puerto Rico, se refiere a la sensación de vergüenza, incomodidad o humillación que una persona experimenta al encontrarse en una situación inapropiada.

Uso en oración: *"Que bochorno, se me olvidó el nombre de la persona que me acaba de saludar."*

Origen: Derivado del español antiguo, donde tenía un doble significado relacionado con el calor y la vergüenza, "bochorno" se mantiene en Puerto Rico con su connotación emocional, destacando la riqueza del lenguaje en la isla.

BODROGO

Significado: Sustantivo que en Puerto Rico se utiliza para referirse a un zapato rústico, ancho y tosco. Se emplea de manera descriptiva para señalar calzado que no es refinado o que tiene una apariencia simple y robusta.

Uso en oración: *"Ay nena no te pongas esos bodrogos para la boda que no combina con tu traje tan fino y son mas bien para trabajar en una finca."*

Nota cultural: Este término es asociado con calzado práctico y resistente. Es una palabra común en contextos rurales o cuando se habla de zapatos hechos para el trabajo pesado.

BONCHE

Significado: Se utiliza en Puerto Rico para describir a un grupo de personas, especialmente cuando están juntas, con un propósito común o simplemente compartiendo un momento social.

Uso en oración: *"Éramos un bonche de veinte en la playa y la pasamos brutal."*

Origen: El término proviene del español caribeño y se ha adaptado como parte del vocabulario informal en Puerto Rico. Aunque su uso se ha extendido, mantiene su esencia como una expresión de cercanía y compañerismo.

BORICUA

Significado: Término utilizado para describir a una persona originaria de Puerto Rico o algo relacionado con la cultura y el legado de la isla.

Uso en oración: *"A pesar de vivir en Estados Unidos, él siempre se ha sentido bien boricua."*

Origen: La palabra "boricua" proviene de "Borikén", el nombre dado a Puerto Rico por los taínos, indígenas que habitaron la isla antes de la llegada de los colonizadores españoles.

BREGAR

Significado: Verbo común que se utiliza para describir el acto de lidiar, resolver o enfrentar situaciones y problemas.

Uso en oración: *"Para montar un negocio en Puerto Rico, hay que saber bregar con muchas cosas."*

Nota cultural: En Puerto Rico, esta palabra refleja el espíritu de resiliencia de los puertorriqueños, quienes suelen "bregar" con todo lo que la vida les presente, desde asuntos cotidianos hasta desafíos mayores.

BURRUNAZO

Significado: Golpe fuerte, también conocido como cantazo o cocotazo. Es una expresión que resalta la intensidad de un golpe o el sonido del impacto.

Uso en oración: *"Le dio un burrunazo por atrevido."*

Origen: Proviene de "burruna", que describe un sonido fuerte o estruendoso, y se intensifica con el sufijo "-azo", dando la idea de un golpe contundente.

CABALLOTE

Significado: Adjetivo que se utiliza para describir a alguien que es excepcionalmente bueno en lo que hace y se destaca por su habilidad, talento o desempeño en una actividad específica.

Uso en oración: *"Ese tipo es un caballote tocando la guitarra; siempre se roba el show."*

Origen: Derivado de "caballo", que en el lenguaje puertorriqueño se usa para referirse a alguien fuerte, hábil, talentoso o destacado.

CACHÉ

Significado: Se refiere a algo que es elegante y lujoso que se presenta de manera ostentosa, como si estuviera mostrando un nivel de sofisticación u opulencia.

Uso en oración: *"Esa fiesta es bien cachendosa, todo era de marca y lujo."*

Origen: La palabra "caché" proviene del término francés "cachet", que hacía referencia a un sello usado por la realeza para certificar la legitimidad de algo o alguien.

CACHETERO

Significado: Se utiliza para describir a una persona que frecuentemente busca recibir comida, bebida o cualquier tipo de beneficio sin contribuir o pagar por ello.

Uso en oración: "No invites a Luis a la fiesta, que es un cachetero y nunca trae nada."

Nota cultural: En el contexto puertorriqueño, este término tiene una connotación negativa, ya que describe a alguien percibido como aprovechado o parásito social.

CACHIPA

Significado: En la isla, esta palabra hace referencia al residuo fibroso que queda después de rallar el coco o cualquier otra fruta familiar.

Uso en oración: *"Después de rallar el coco, quedó toda la cachipa que usaron para hacer la leche de coco."*

Variantes: También es conocida como "cachispa".

CACHIVACHE

Significado: Sustantivo que hace referencia a un objeto viejo, roto o que ya no tiene utilidad. A menudo, se usa para describir cosas acumuladas que ocupan espacio sin tener un propósito claro o valor práctico.

Uso en oración: *"No sigas acumulando más cachivaches que ya no hay espacio en la casa."*

Nota cultural: En la isla se asocia con la idea de "trastos viejos" y denota la tendencia a guardar cosas que ya no se usan, pero que se conservan por nostalgia o por el simple hecho de que "aún podrían servir".

CACO

Significado: Se refiere a una persona que adopta un estilo urbano característico, generalmente asociado con la cultura del reguetón. Su estilo incluye ropa ancha, gorras, cadenas llamativas y zapatos deportivos de marca. También puede describir actitudes o comportamientos callejeros o relacionados con este estilo.

Uso en oración: *"Ese caco siempre está escuchando reguetón a todo volumen en el carro."*

Origen: El origen de la palabra no es claro, pero se popularizó durante el auge del reguetón en las décadas de los 90 y los 2000, coincidiendo con la expansión de la música urbana y su estética en Puerto Rico.

CAFRE

Significado: En Puerto Rico, "cafre" describe a una persona que muestra conductas consideradas vulgares, de mal gusto o poco refinadas. Puede referirse tanto a su manera de hablar o actuar como a su estilo de vestir o preferencias, especialmente cuando estas son excesivamente llamativas o fuera de la norma social.

Uso en oración: *"No seas cafre y respeta la fila del cine."*

Origen: La palabra proviene del árabe "kafir", que significa infiel, y llegó al español a través del portugués, transformándose en una expresión despectiva que en Puerto Rico adquirió un matiz más ligado al comportamiento o estilo personal.

CANDUNGO

Significado: Un envase grande, usualmente plástico o metal, utilizado para guardar o transportar alimentos, líquidos u otros objetos.

Uso en oración: *"Guarda el arroz con gandules en el candungo para llevarlo a casa de tu prima."*

Origen: La palabra proviene del español coloquial caribeño y ha sido ampliamente adoptada en Puerto Rico, donde es práctica común reutilizar envases grandes para diferentes propósitos.

CANGRI

Significado: Una persona destacada, influyente o muy respetada dentro de su círculo social, especialmente en contextos urbanos. Se usa para referirse a alguien que es líder, sobresaliente o que tiene mucha confianza y estilo.

Uso en oración: *"Ese tipo es el cangri del equipo."*

Nota cultural: La palabra se popularizó a través del reguetón en los años 90 y principios de los 2000, especialmente gracias al cantante Daddy Yankee, quien adoptó "El Cangri" como apodo.

CARCACHA

Significado: Se utiliza para describir un automóvil en malas condiciones, usualmente viejo, que presenta signos visibles de desgaste o deterioro.

Uso en oración: *"La carcacha de mi tío dejó de arrancar en medio del pueblo."*

Origen: El término está relacionado con la palabra española *carcaj*, que significa algo deteriorado o inservible. En el contexto de los automóviles, se adoptó para referirse a vehículos viejos y en mal estado, una idea que se extendió por varios países de América Latina.

CARIFRESCO

Significado: Adjetivo que describe a una persona que actúa con descaro, desfachatez o sin mostrar vergüenza, incluso en situaciones donde se espera modestia o algún tipo de remordimiento. Es alguien que no se inmuta ante situaciones incómodas o reproches y que sigue adelante con actitud despreocupada.

Uso en oración: *"Marta, tan carifresca, llegó sin invitación y se llevó comida para llevar."*

Origen: La palabra surge de la combinación de "cara", en referencia al rostro, y "fresco", aludiendo a una actitud desinhibida o atrevida. El término es utilizado en diversos países hispanohablantes, pero en Puerto Rico tiene una connotación particular de reproche ligero, muchas veces expresado en tono jocoso o sarcástico.

CATIMBA

Significado: Una golpiza intensa que se le da una persona, generalmente en el contexto de una pelea física o castigo. La palabra enfatiza la severidad del acto.

Uso en oración: *"Le dieron tremenda catimba por meterse en problemas con el corillo del otro vecindario."*

Origen: Término en Puerto Rico, posiblemente influenciado por el español caribeño, utilizado para describir situaciones de violencia física con gran impacto.

COCOLO

Significado: En Puerto Rico, "cocolo" tiene diferentes interpretaciones. Se emplea para describir a personas de ascendencia afrocaribeña, como Jamaica, Saint Kitts o Barbados, que llegaron a Puerto Rico en el siglo XIX y XX. En un contexto moderno, se refiere a alguien apasionado por la música salsa, que vive y respira la cultura salsera.

Uso en oración: *"Durante la cosecha de caña, muchos cocolos vinieron a trabajar en las haciendas de la isla." "Diego es un cocolo de corazón y siempre asiste al Día Nacional de la Salsa que se celebra cada año."*

Nota cultural: Este término ha evolucionado para estar estrechamente vinculado con la música salsera y sus seguidores. La salsa, con raíces afrocaribeñas, se convirtió en un símbolo de identidad y orgullo cultural para muchos puertorriqueños, y los cocolos son vistos como los guardianes de esta tradición.

COCOTAZO

Significado: Refiere a un golpe leve en la cabeza dado con los nudillos, generalmente como un gesto de corrección o advertencia. Suele usarse en contextos familiares, escolares o entre amigos, y aunque puede doler un poco, no tiene la intención de causar daño serio, sino de llamar la atención.

Uso en oración: *"Deja de estar molestando tanto, o te voy a dar un cocotazo."*

Origen: El término proviene de la palabra "coco", que en el Caribe y otras regiones hispanohablantes se utiliza coloquialmente para referirse a la cabeza. El sufijo "-tazo" indica un golpe, en este caso dirigido a la cabeza.

COMAY/COMPAY

Significado: Término informal y cariñoso usado para referirse a una persona con quien se tiene una relación de confianza, de amistad o cercanía. Aunque deriva de la palabra "comadre" y "compadre", su uso no necesariamente implica una relación formal de compadrazgo, sino más bien una conexión amistosa y de cierta confianza.

Uso en oración: *"La comay siempre me ayuda con los preparativos de las fiestas."*

Origen: El término proviene de la palabra "comadre" y "compadre", que en su sentido tradicional se refiere a la relación entre los padres de un niño y sus padrinos.

En Puerto Rico, se transformó en "comay" y "compay", adquiriendo un significado más informal y afectuoso.

CONCHOLE

Significado: Expresión utilizada para manifestar sorpresa, enojo, frustración o asombro. Es una interjección que permite enfatizar una emoción o reacción sin recurrir a términos ofensivos, siendo apropiada en contextos familiares o informales.

Uso en oración: *"Conchole, que bueno estaba ese asopao."*

Origen: Se considera como una variación suavizada de interjecciones más fuertes adaptadas al contexto cultural puertorriqueño para ser menos vulgar y más aceptada.

Variantes creativas: Otras maneras en la que los boricuas utilizan esta palabra es *concho* y *coñete*.

CONFIANZÚ

Significado: Se refiere a una persona que se toma demasiadas libertades o actúa con exceso de confianza en situaciones donde no le corresponde.

Uso en oración: *"No te pongas confianzú que apenas nos vamos conociendo."*

Origen: Del español "confianza", adaptado al estilo puertorriqueño, donde la pronunciación y el uso reflejan un tono informal.

CONFLEI

Significado: En Puerto Rico, "conflei" es una forma coloquial de referirse al cereal "Cornflakes" o, más generalmente, a cualquier cereal. Aunque es un nombre de marca, se ha popularizado tanto que se utiliza para describir este tipo de alimento de manera genérica en algunas conversaciones informales.

Uso en oración:
"Los niños no pueden empezar el día sin comerse su conflei antes de irse para la escuela."

Nota cultural:
En la isla es común en niños y adultos usar este término como algo genérico en símbolo familiar de desayuno.

CONTRALLAO

Significado: Palabra que se utiliza para expresar contrariedad, molestia o frustración ante una situación que no salió como se esperaba. Resalta la incomodidad o el disgusto en un tono familiar.

Uso en oración: *"Este contrallao muchacho, no hace caso."*

Origen: Deriva de "contra", una interjección usada para expresar frustración o sorpresa, con el añadido de "-llao", que le otorga una connotación más emocional.

Variante: Otra palabra que se utiliza en el mismo contexto es "contrallación".

COQUIPELAO

Significado: En Puerto Rico, "coquipelao" se usa para describir a una persona que lleva el cabello cortado al rape, es decir, extremadamente corto.

Uso en oración: *"Al nene lo llevaron a recortarse por primera vez y lo dejaron bien coquipelao."*

Origen: Aunque el origen no es claro, es posible sea un derivado de la palabra "coco", que en algunos lugares se puede conocer también como la cabeza.

CORILLO

Significado: Grupo de personas, especialmente amigos o compañeros, que suelen pasar tiempo juntos o realizar actividades en común.

Uso en oración: *"El corillo de la UPI se reunió para celebrar el fin de curso."*

Origen: Se deriva posiblemente de la idea de un grupo reunido en un espacio común, como un "corral". En el contexto boricua, adquirió un significado más familiar y social, adaptado al espíritu de la comunidad.

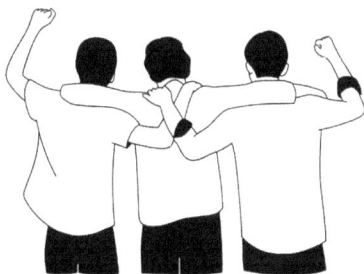

CUCAR

Significado: Se refiere a provocar, desafiar o incitar a alguien, generalmente con la intención de molestarlo o de obtener una reacción impulsiva. También puede usarse para animar a alguien hacer algo que inicialmente duda en realizar.

Uso en oración: *"Lo cucaron tanto que al final decidió entrar a la competencia de surf."*

Nota cultural: "Cucar" es una palabra comúnmente empleada en situaciones informales, especialmente en el contexto de bromas o retos entre conocidos. En Puerto Rico, este verbo también refleja la tendencia cultural hacia la convivencia llena de humor y desafío ligero.

CUCHIFRITO

Significado: Término que hace referencia a ciertos platos típicos de la cocina puertorriqueña, principalmente frituras como alcapurrias, bacalaítos, empanadillas y otros antojitos fritos que se venden comúnmente en establecimientos pequeños o kioscos. A veces también se usa para describir lugares informales donde se

venden estas comidas.

Uso en oración: *"Vamos a pasar por el cuchifrito a comprar unas alcapurrias antes de llegar a la playa."*

Origen: Derivado del español, con influencia caribeña, la palabra combina "cuchi" (referente al cerdo, ya que muchos platos son de carne de cerdo) y "frito", haciendo alusión al método de preparación.

Variante: Otras personas se refieren a este tipo de expresión como "cuchifrín".

CUCO

Significado: En Puerto Rico, "cuco" se refiere a un monstruo o figura imaginaria utilizada por los adultos para asustar a los niños y convencerlos de comportarse bien. Es una representación simbólica del miedo a lo desconocido o a las consecuencias de malas acciones.

Uso en oración: *"Duérmete niño, duérmete ya, que viene el cuco y te comerá."*

Origen: La palabra "cuco" proviene del latín *cucūlus*, que hace referencia al cuclillo, un pájaro nocturno asociado con el misterio y lo desconocido. Este concepto se relaciona también con otros mitos europeos, como el *coco* en España, y se adaptó al Caribe durante la colonización, mezclándose con creencias y narrativas locales.

Variantes creativas: En otros países latinos, este imaginario personaje se le conoce como: *Coco, Cucuy* y *Coca.*

CUCURUCHO

Significado: En Puerto Rico, "cucurucho" se usa de manera figurativa para describir una vivienda humilde o una estructura en condiciones precarias, similar a una "cazucha" o "choza". También puede mantener su uso original para referirse a un objeto con forma de cono, como una envoltura de papel o cartón.

Uso en oración: *"Él vive en un cucurucho que construyó con pedazos de madera y zinc." " Me dieron los dulces en un cucurucho de papel en la plaza."*

Origen: El término proviene del latín "cucullus" (capucha o caperuza), que en contexto ha evolucionado para describir algo pequeño, básico o elemental, como una choza improvisada o una estructura sencilla.

CULECO

Significado: Palabra que describe el estado de estar emocionado o entusiasmado por algo o alguien. Aunque originalmente se usaba para describir un amor apasionado, también se puede emplear para expresar un nivel intenso de excitación o alegría por un objeto, una situación o una experiencia.

Uso en oración: *"Está culeco con el carro que se compró."*

Origen: El término "culeco" proviene de la idea de estar en movimiento o dar vueltas por la emoción, lo que refleja cómo algo puede generar una reacción intensa, ya sea por amor o por entusiasmo.

CHANCHULLO

Significado: Truco, trampa o maniobra deshonesta que alguien realiza para obtener algún beneficio personal, generalmente de forma poco ética o ilegal.

Uso en oración: *"Ese muchacho siempre se mete en chanchullos para no pagar lo que debe."*

Nota cultural: En la isla se emplea para referirse a la desconfianza hacia acciones que no son transparentes. Por ejemplo, en conversaciones informales, alguien podría decir: "Eso suena a un chanchullo político."

CHANCLETERO

Significado: Adjetivo que describe a un hombre que únicamente tiene hijas mujeres.

Uso en oración: *"Desde que nació su tercera hija, ya oficialmente se ha convertido en un chancletero."*

Origen: El término surge de una asociación cultural entre las hijas mujeres y el uso de chancletas (sandalias), lo que convierte al padre en un "rey de las chancletas" por no tener hijos varones.

CHANGO

Significado: En Puerto Rico esta palabra tiene dos usos principales: una persona sensible que se indigna fácilmente o un ave negra (Quiscalus niger) conocida por su canto ruidoso y su comportamiento territorial.

Uso en oración: *"No seas chango, fue solo un comentario."*
"En la plaza de Naranjito siempre hay un montón de changos buscando comida."

Origen: El uso relacionado con las personas podría derivar de la percepción del ave como ruidosa y agresiva, características que se asocian metafóricamente con alguien que "hace un escándalo" por cualquier cosa.

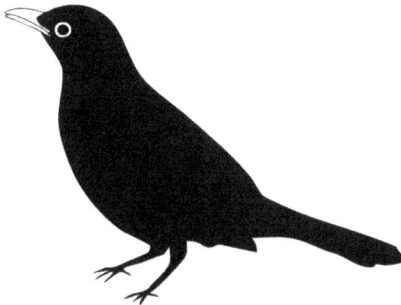

CHAPIAR

Significado: Verbo que se utiliza coloquialmente para describir a una persona, comúnmente una mujer (aunque no exclusivamente), que toma ventaja de otra persona, usualmente en una relación romántica, con el propósito de obtener beneficios económicos o materiales.

Uso en oración: *"Ella solo está con él para chapiar; el señor le compra todo lo que quiere."*

Origen: "Chapiar" originalmente significa limpiar o cortar maleza con un machete. La conexión metafórica surge de la idea de "limpiar" o "aprovecharse" de los recursos de alguien más.

CHAPUCERIA

Significado: Término que se utiliza para describir un trabajo hecho de manera descuidada, improvisada o sin calidad. Se refiere a algo que se hace de forma rápida y sin ponerle el esfuerzo necesario.

Uso en oración: *"Lo que hizo fue una chapucería, no se molestó en hacer bien su tarea."*

Origen: Proviene de "chapuza", que en el contexto de varios países de habla hispana, refiere a un trabajo de mala calidad o a algo que se hace sin cuidado.

CHARRO

Significado: Esta palabra se utiliza para describir a alguien o algo que está fuera de moda, es socialmente inaceptable o carece de gracia.

Uso en oración: *"Ese chiste te quedó bien charro, no dio ni un chin de gracia."*

Origen: Aunque "charro" tiene otros significados en países como México (refiriéndose a los vaqueros tradicionales), en Puerto Rico adquirió una connotación despectiva a lo largo del tiempo para describir lo que se considera poco sofisticado, fuera de lugar o ridículo en un contexto social.

CHAVIENDA

Significado: Palabra que refiere a una situación incómoda, problemática o desagradable que genera inconvenientes o dificultades. Se utiliza para describir un obstáculo o una serie de problemas que complican algo.

Uso en oración: *"Esa puerta es una chavienda para abrir."*

Origen: Esta palabra combina "chavo"(dinero) y "venda", que sugiere una situación difícil que podría ser financiera o de otra índole. Se asocia a la idea de algo que impide o complica el avance o progreso de una situación.

CHAVOS

Significado: En la isla, "chavos" es una forma coloquial de referirse al dinero. Se usa tanto para hablar de pequeñas cantidades como para el dinero en general.

Uso en oración: *"Voy a ir a sacar chavos a la ATH."*

Origen: La palabra "chavos" proviene de la jerga popular que se originó en Puerto Rico y otras regiones del Caribe, donde se comenzó a usar para referirse a las monedas o pequeñas cantidades de dinero. Con el tiempo, se expandió como una manera general de decir dinero.

CHICHÓN

Significado: Bulto o inflamación en la piel o en la cabeza que aparece como resultado de un fuerte impacto o un golpe accidental.

Uso en oración: *"Le salió un chichón bien grande por el pelotazo que le dieron durante el juego."*

Origen: La palabra "chichón" viene del diminutivo de "chicha" (como una protuberancia o abultamiento) y se utiliza en el contexto de lesiones físicas para describir la hinchazón que resulta de un golpetazo.

CHICHOS

Significado: Término que se usa para describir el exceso de grasa en el área del abdomen.

Uso en oración: *"Tengo zendos chichos por comer tanto pernil durante las navidades."*

Nota cultural: La palabra "chichos" se mencionan en tono relajado, a menudo con humor, entre amigos o familiares cuando se habla sobre el cuerpo o la salud.

CHINCHORRO

Significado: En Puerto Rico, "chichorro" se utiliza para referirse a un pequeño establecimiento, como una cantina o kiosco, donde se venden bebidas alcohólicas, frituras y otros platos típicos puertorriqueños. También se conoce como una actividad recreativa que conlleva visitar estos establecimientos durante el día o la noche. Es conocida como "chinchorrear", forma popular de socializar mientras se disfruta de comida y bebidas.

Uso en oración: "*Este fin de semana vamos a chinchorrear por la montaña con el corillo.*"

Nota cultural: Los chinchorros son fundamentales en la vida social puertorriqueña, especialmente los fines de semana. Lugares como Guavate, conocido como la *Ruta del Lechón*, son famosos por sus chinchorros, donde se combina buena comida, música y camaradería.

CHIPI

Significado: Se utiliza para describir algo que es barato o de baja calidad. Puede referirse a un objeto, producto, o incluso a una situación que no cumple con las expectativas en términos de valor o calidad.

Uso en oración: "*Ya se rompió el celular chipi que compré.*"

Origen: El término proviene del inglés "cheap", que significa barato, adaptado al léxico puertorriqueño.

CHIRIPA

Significado: Golpe de suerte inesperado, particularmente cuando algo sale bien de manera accidental o fortuita, sin hablerlo planeado.

Uso en oración: *"Ganaron de chiripa el juego de pelota."*

Nota cultural: En el contexto puertorriqueño, se utiliza en situaciones cotidianas para enfatizar que un buen resultado no fue producto de esfuerzo o habilidad.

CHISME

Significado: Término que hace referencia a comentarios o rumores, generalmente de carácter negativo o poco confiable, sobre alguien que no está presente.

Uso en oración: *"Siempre hay alguien que lleva y trae chismes en la oficina."*

Origen: La palabra "chisme" proviene del español antiguo "schisme", que a su vez tiene raíces en el latín "schisma", con el significado de división o discordia. Este origen refleja la naturaleza del chisme como algo que puede dividir o generar conflictos entre personas o grupos.

CHISPITO

Significado: Esta palabra se usa para referirse a una cantidad muy pequeña o limitada de algo, siendo equivalente en significado a la palabra "poquito".

Uso en oración: *"Échale un chispito de sal a la comida que está un poco sosa."*

Origen: La palabra surge de "chispa", que significa una pequeña partícula encendida desprendida de un fuego o un destello pequeño.

Variantes: También se pude usar como "chin" o "tiquilín".

CHOLA

Significado: En Puerto Rico se utiliza coloquialmente para referirse a la cabeza.

Uso en oración: *"Me duele la chola de tanto estudiar."*

Origen: El origen exacto es incierto, pero su uso está muy extendido en el habla puertorriqueña, así como en otras regiones del Caribe y América Latina.

CHONQUEAR

Significado: Verbo que se refiere a expulsar de manera repentina el contenido del estómago. Se usa en situaciones informales, como resultado de intoxicación, mareo o enfermedad.

Uso en oración: *"Me comí algo que me hizo chonquear."*

Origen: Aunque desconocido, se puede deducir que proviene de la palabra en inglés "chunk" en referencia al contenido expulsado al vomitar.

CHOTA

Significado: Se utiliza para describir a una persona que revela información o secretos, especialmente cuando traiciona la confianza de otros al denunciar o delatar algo a las autoridades o terceros.

Uso en oración: *"Nadie confía en él porque es un chota y siempre le cuenta al jefe lo que pasa en la oficina."*

Origen: El término tiene raíces en el caló español, donde "chotar" significa delatar o denunciar. Su adopción y uso en Puerto Rico reflejan la evolución del lenguaje, especialmente en contextos sociales y callejeros.

CHUCHIN / CHULIN

Significado: En Puerto Rico, "chuchin" o "chulin" se utiliza de manera afectuosa o juguetona para referirse a una persona cariñosa o un objeto tierno o adorable.

Uso en oración: *"¡Ay, pero que chuchin este regalo!" "Ese muchacho es bien chulin con su novia."*

Nota cultural: Se usa principalmente en un tono cariñoso y en ocasiones también de manera juguetona entre amigos o familiares.

CHUMBERA

Significado: Término coloquial utilizado para describir a una persona que tiene un trasero poco pronunciado.

Uso en oración: *"Esa muchacha tiene zenda chumbera, no tiene mucha forma en la parte de atrás."*

Nota cultural: Este adjetivo es un ejemplo de como en Puerto Rico se emplean metáforas relacionadas con la naturaleza para hacer referencia a características físicas de las personas, a menudo de manera informal o humorística.

CHUSTRO

Significado: Similar a "carcacha", esta palabra se utiliza para describir un vehículo que está en malas condiciones.

Uso en oración: *"Ni pienses que voy a guíar el chustro de tío Ramón para la escuela."*

Nota cultural: Esta palabra tiene un toque humorístico y muchas veces cariñoso, ya que suele referirse a vehículos que, a pesar de su mal estado, tiene un valor emocional para su dueño. Es común que los "chustros" sean protagonistas de historias graciosas o situaciones inesperadas en el día a día de los puertorriqueños.

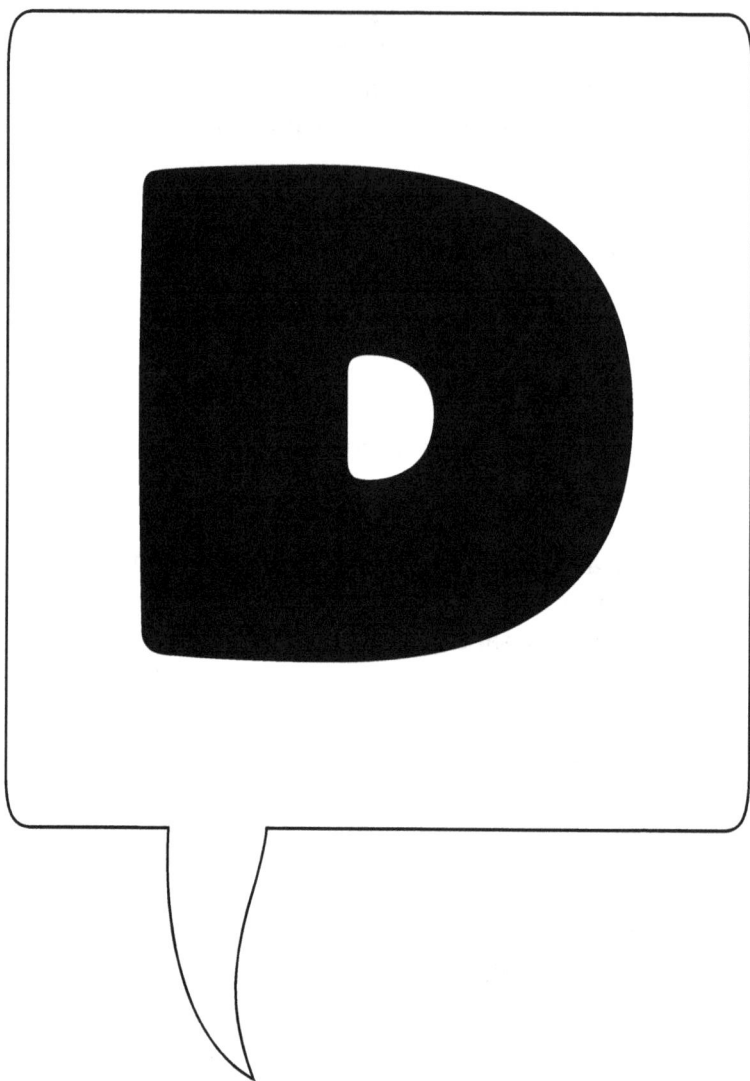

DESTO

Significado: Expresión que se utiliza para referirse a un objeto, situación o concepto cuyo nombre no se recuerda o no se quiere mencionar en ese momento.

Uso en oración: *"Pásame el desto que está encima de la mesa de noche."*

Origen: "Desto" surge de la contracción y simplificación de "de esto", que literalmente significa "of this" o "about this" en inglés. Con el tiempo, su uso se volvió común en conversaciones informales, convirtiéndolo en un término práctico para rellenar cuando no se recuerda algo.

DIACHE / DIANTRE

Significado: En Puerto Rico, "diache" y "diantre" son interjecciones que expresan sorpresa, asombro, frustración o incredulidad, dependiendo del contexto. Pueden equivaler a expresiones como "¡Caramba!", "¡Vaya!"o "¡Cónchole!". Aunque ambas tienen un uso similar, "diache" es una variante mas moderna, mientras que "diantre" es la forma más tradicional.

Uso en oración: *"¡Diache, se pegó en la Loto!" "¡Diantre, mano, te dije no le dijeras nada a nadie!"*

Origen: La palabra "diantre" proviene del español antiguo como un eufemismo para evitar mencionar la palabra "diablo", lo cual era considerado inapropiado por razones religiosas o culturales. En Puerto Rico evolucionó hacia la forma "diache", tendencia local a simplificar expresiones.

DITO

Significado: Expresión emocional que se utiliza como una forma de expresar ternura, compasión o empatía hacia alguien o algo. Es una versión más breve y cariñosa de "bendito." Puede acompañar momentos de tristeza o situaciones que inspiran ternura o simpatía.

Uso en oración: *"Dito, él la quiso mucho."*

Origen: La palabra "dito" proviene de la abreviación y simplificación de "bendito", una palabra de origen religioso que significa "bendecido." Con el tiempo, en el habla puertorriqueña, esta forma abreviada se adoptó para expresar emociones de compasión y afecto.

DURO/DURA

Significado: En Puerto Rico, "duro" o "dura" se utiliza para describir a una persona que es excelente, talentosa o destacada en lo que hace. Es una expresión de admiración y respeto hacia alguien que sobresale en su área de especialidad, ya sea en deportes, música, arte, trabajo y otras habilidades.

Uso en oración: *"Ese tipo es un duro tocando los timbales."*

Origen: Esta expresión es muy común en el lenguaje puertorriqueño y refleja el espíritu de admiración hacia el talento y el esfuerzo. Se utiliza tanto en contextos casuales como en situaciones más formales y tienen un matiz muy positivo. Además, esta palabra se ha popularizado en otros países de habla hispana, especialmente a través de la música urbana y el reguetón.

EMBELECO

Significado: Se refiere a una persona que está enredada o involucrada en una situación confusa o complicada, o también puede usarse para describir una distracción innecesaria. La palabra tiene una connotación de engaño o trampa, cuando se refiere a algo que fue hecho con la intención de desviar la atención o crear problemas.

Uso en oración: *"¿Estás metido en ese embeleco con tu pana después de haberte dicho que tuvieras cuidado?"*

Origen: El uso de "embeleco" es frecuente en Puerto Rico cuando se quiere hacer referencia a un enredo o una situación en la que alguien se deja llevar por cosas innecesarias o complicadas.

EMBELESADO

Significado: Desbribe a una persona que está tan impresionada o cautivada por algo o alguien que se pierde en la admiración o fascinación. Es una forma de expresar que alguien está profundamente absorbido o encantado por una experiencia, ya sea visual, emocional o intelectual.

Uso en oración: *"Se quedó embelesado mirando a la muchacha que estaba caminando por la plaza."*

Origen: Esta palabra proviene del verbo "embelesar", que implica cautivar de forma profunda, hechizar a alguien o distraerse por algo, y se ha transformado en un término en Puerto Rico para emplearse comúnmente en un contexto emocional o romántico.

EMBROLLAO

Significado: Adjetivo que describe a una persona que está en una situación complicada, especialmente cuando se refiere a estar cargado de deudas.

Uso en oración: *"Estoy embrollao con los pagos del carro."*

Origen: Este término viene de la palabra "embrollo", que significa un enredo o confusión, y se utiliza de manera figurada para referirse a situaciones problemáticas o complicadas. En este contexto, se asocia a la sensación de estar "atrapado" en problemas financieros.

EMBUSTE

Significado: En Puerto Rico, esta palabra significa mentira o falsedad. Se utiliza para describir una afirmación que no es cierta, ya sea de manera intencional (engaño) o como una exageración.

Uso en oración: *"Eso que me dijiste es tremendo embuste."*

Origen: "Embuste" proviene del latín vulgar *imbustum*, que significa "quemadura" o "engaño". En este contexto, evolucionó en el idioma español para referirse a algo que no es auténtico o real, adaptándose en Puerto Rico como un término ampliamente utilizado en el habla cotidiana.

EMPERIFOLLAO

Significado: En Puerto Rico, se utiliza para describir a una persona que está demasiado arreglada o vestida de manera exagerada, especialmente con muchos adornos, accesorios o ropa que es muy llamativa.

Uso en oración: *"La nena se ve mas emperifollá que la puerca de Juan Bobo."*

Origen: "Emperifollao" proviene de la idea de "perifollar", que significa adornar algo de manera excesiva.

ENCHISMARSE

Significado: Se refiere a cuando alguien se molesta, se resiente o se ofende por algo dicho o hecho, muchas veces por razones triviales o malentendidos. También puede implicar que la persona decide apartarse o dejar de hablar con alguien como muestra de su disgusto.

Uso en oración: *"Se enchismó porque no le di 'like' a la foto."*

Origen: Proviene de la palabra "chisme", relacionada con rumores o comentarios, y el sufijo reflexivo "-arse", indicando una relación emocional a lo que se dice o hace en un contexto social.

ENCHULAO

Significado: Se utiliza para referirse a alguien que muestra una fascinación intensa o admiración por una persona, un objeto o una situación.

Uso en oración: *"Está bien enchulao de ella, no para de hablar de lo linda que es."*

Origen: Proviene del verbo "enchular", que en el argot puertorriqueño hace referencia a hacer algo llamativo, atractivo o de mayor valor.

ENCHUMBAO

Significado: Describe a una persona o un objeto que está completamente mojado o empapado, usualmente debido a la lluvia, un derrame de líquido, o cualquier otra situación donde haya contacto excesivo con agua.

Uso en oración:
"Llévate la sombrilla si no quieres terminar enchumbao por la lluvia."

Variantes creativas: Otras palabras que los boricuas utilizan como esta palabra y de igual manera son *entripado, ensopao* o *empapao*.

ENFUSCADO

Significado: Describe a una persona que está ofuscada o completamente absorbida por algo, ya sea una emoción, situación o actividad. Igualmente puede implicar un enfoque excesivo o una obsesión por algo que ha tomado la atención de la persona.

Uso en oración: *"No me hables ahora que estoy bien enfuscado en saber que fue lo que pasó."*

Origen: La palabra proviene de una variación de "enfocar" o "ofuscar", pero su uso en Puerto Rico se asocia con un nivel elevado de concentración o confusión sobre algo que está ocupando toda la mente.

ENZORRAO

Significado: Adjetivo que se utiliza para describir a una persona que está aburrida o sin mucho ánimo.

Uso en oración: *"Decidí no salir y ahora estoy bien enzorrao en casa de mami."*

Nota cultural: La palabra refleja el tono expresivo que utilizan los puertorriqueños para describir imágenes vivas y exageradas de sus estados emocionales.

EÑEMAO

Significado: Adjetivo que describe a una persona que está cansada, agotada o con falta de energía. Se emplea en contextos informales para referirse a un estado físico o mental de poca vitalidad.

Uso en oración: *"Estoy muy eñemao para lavar el carro en estos momentos."*

Nota cultural: "Eñemao" refleja el tono creativo y expresivo del español puertorriqueño, especialmente en cómo se describe el cansancio o la falta de energía de forma enfática.

ESCOCOTARSE

Significado: Acción de caerse de forma aparatosa, o con gran impacto. También se usa figuradamente para describir un fracaso rotundo en alguna situación.

Uso en oración: *"Resbalé en la acera y me escocoté bien feo." "No estudió bien y se escocotó en el exámen".*

Origen: Deriva de *cocote*, palabra usada en Puerto Rico para referirse al cuello o la cabeza. El término sugiere una caída tan fuerte que afecta el cuerpo, lo que explica su uso tanto literal como figurado.

ESCRIQUILLAO

Significado: Se usa para describir a una persona o cosa que está en un estado de deterioro, agotamiento extremo o desorden.

Uso en oración: *"Después de trabajar tanto en el carro, quedé bien escriquillao por par de días."*

Variantes creativas: Otras maneras en la que los puertorriqueños utilizan esta palabra son *esbaratao, despingao, escocotao* y *fundío.*

ESLEMBAO

Significado: Esta palabra se usa para describir a una persona que es despistada o está desorientada, generalmente debido a estar distraída o no prestar atención a lo que está sucediendo a su alrededor.

Uso en oración: *"Mira como va caminando todo eslembao, si no mira por donde va, se va a caer."*

Origen: La raíz de la palabra es una adaptación de "lembao" (una versión fonética de "limbao"), que hace referencia a algo o alguien en estado de confusión.

ESMANDAO

Significado: Se usa para describir a alguien que se mueve a gran velocidad o con mucha prisa, ya sea caminando, corriendo o conduciendo. También puede implicar que la persona actúa de manera impulsiva o sin control.

Uso en oración: *"Ese carro pasó esmandao por la avenida."*

Origen: Proviene de la alteración del verbo "desmandar", que implica actuar sin freno o sin control.

ESMAYAO

Significado: Adjetivo que describe a alguien que siente un gran hambre o un apetito insaciable.

Uso en oración: *"Estoy esmayao, no he comido nada desde esta mañana."*

Nota cultural: El uso "esmayao" refleja el carácter expresivo del español puertorriqueño. La palabra se emplea con frecuencia en conversaciones familiares o entre amigos para enfatizar la sensación de hambre.

ESNÚ

Significado: "Esnú" es una palabra coloquial que significa "desnudo", utilizada para describir a alguien que no lleva ropa o está con muy poca vestimenta. Se emplea principalmente en contextos informales.

Uso en oración: *"Ese nene siempre anda esnú por la casa."*

Origen: Deriva del inglés *nude*, adaptado fonéticamente al español puertorriqueño. Es un ejemplo de la influencia del inglés en el español hablado en la isla.

ESPACHARRAR

Significado: En la isla, esta palabra hace referencia a la acción de aplastar, romper o destruir algo de forma brusca, o también a causar daño significativo. Se utiliza para describir situaciones en las que algo queda destrozado, ya sea por un impacto físico o por un acto muy torpe.

Uso en oración: *"Se espacharró el celular cuando le pasé el carro por encima."*

Nota cultural: Comúnmente usado en Puerto Rico para describir la pérdida de algo o cuando algo se daña de forma significativa. El tono es a menudo dramático, destacando lo irreversible o grave del daño ocurrido.

ESPATARRAO

Significado: Esta palabra se usa para describir a una persona que camina o se sienta con las piernas abiertas, generalmente de manera exagerada o desproporcionada.

Uso en oración: *"Míralo, siempre espatarrao en la silla."*

Origen: Proviene de la palabra "patear", que significa dar un golpe o empujar con los pies. En este contexto, se refiere a la manera en que alguien coloca sus piernas abiertas, dando la impresión de una postura que no es necesariamente elegante.

ESPITIAO

Significado: Adjetivo que describe a una persona que está llena de energía, motivada o estimulada para realizar una actividad. A diferencia de su otro uso relacionado con el agotamiento, cuando se utiliza en este contexto, refleja un estado de alta energía o entusiasmo.

Uso en oración: *"Después de pasar la noche en el veterinario con mi perro Moncho, llegué a casa espitiá y sin poder dormir de la preocupación."*

Origen: "Espitiao" proviene de "espitar", que en algunas regiones puede asociarse con el ánimo elevado o la excitación. En Puerto Rico, esta variante se ha popularizado para expresar tanto el cansancio extremo como la sensación de estar lleno de energía o motivación.

ESTOFÓN

Significado: "Estofón" se refiere a una persona muy estudiosa y dedicada al aprendizaje, generalmente alguien que saca buenas notas y pasa mucho tiempo leyendo o haciendo tareas. A veces, puede usarse con un tono de burla para describir a alguien que se enfoca demasiado en los estudios y deja de lado otras actividades sociales.

Uso en oración: *"Ese muchacho es un estofón, se pasa estudiando y ni le interesa salir con sus amigos."*

Origen: El término podría derivar de "estofar", relacionado con algo bien preparado, lo que en este caso se aplica a alguien que se dedica intensamente a aprender.

ESTOQUEADO

Significado: En Puerto Rico, se usa para describir a alguien o algo que está atascado, bloqueado o sin poder avanzar en una situación, ya sea física, mental o emocionalmente.

Uso en oración: *"El carro se quedó estoqueado en el calle."* *"Me siento estoqueado en este trabajo."*

Origen: Proviene del inglés "stuck" (atascado), adaptado fonéticamente al español puertorriqueño con la terminación "-eado", como ocurre con otras palabras de origen anglosajón en el habla de la isla.

ESTRASIJAO

Significado: Adjetivo que describe a algo o alguien que está extremadamente deteriorado, agotado o en mal estado, ya sea física o emocionalmente.

Uso en oración: *"Estuvo todo el día en la playa bebiendo y terminó estrasijao por el sol y la bebelata."*

Origen: La palabra "estrasijao" proviene del término "estrazar", que hace referencia a algo en mal estado o muy deteriorado que se adapta al español puertorriqueño para expresar un nivel de extremo de desgaste.

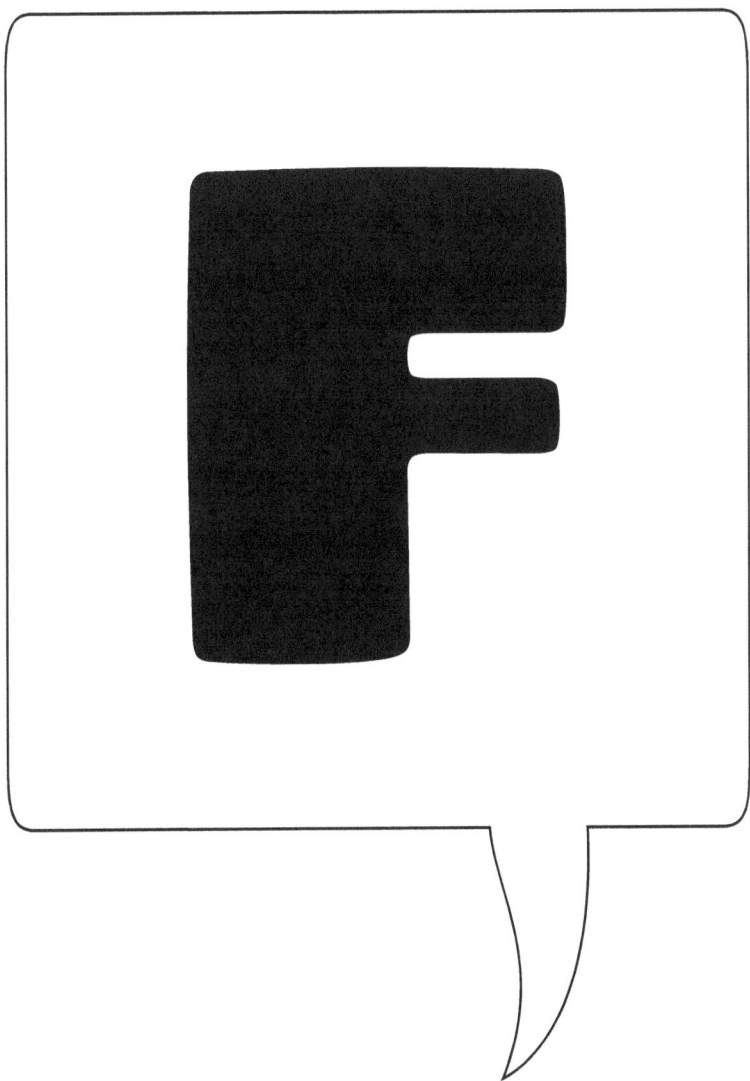

FAJAO

Significado: Se usa para describir a alguien que está completamente entregado a una tarea, esforzándose al máximo en el trabajo, los estudios o cualquier actividad que requiera mucha dedicación.

Uso en oración: *"El chef está fajao cocinando para toda esa gente."*

Origen: Deriva del verbo "fajar", que originalmente hacía referencia a ajustarse una faja. Con el tiempo, en Puerto Rico, adquirió el significado de esforzarse intensamente.

FANTASMEO

Significado: Actitud de alarde o exageración en la que alguien presume de cosas que no tiene o de hazañas que no ha realizado.

Uso en oración: *"Él dice que tiene un carro caro, pero eso es puro fantasmeo."*

Nota cultural: Se usa principalmente en contextos urbanos o en el reguetón para describir personas que exageran sus logros o presumen de lo que no son.

FARFULLERO

Significado: Adjetivo que describe a alguien que habla de manera apresurada, confusa o sin sentido, dificultando que los demás lo entiendan. También puede describir a una persona que exagera o habla con intención de impresionar sin sustancia real en sus palabras.

Uso en oración: *"No le hagas caso, ese tipo es un farfullero, siempre está inventando cosas."*

Origen: Proviene del verbo "farfullar", que significa hablar atropelladamente o sin claridad. Se ha adaptado en Puerto Rico con una connotación más amplia, incluyendo a quienes exageran o inventan cosas.

FECA

Significado: Se usa para referirse a una mentira, exageración o embuste.

Uso en oración: *"Deja la feca que sabemos no hiciste eso."*

Origen: La palabra "feca" proviene del inglés "fake", adaptada fonéticamente al español puertorriqueño para describir lo que es falso o engañoso.

Nota Cultural: "Feca" es una expresión de uso común en el lenguaje urbano y coloquial de Puerto Rico, especialmente en contextos juveniles y dentro de la cultura del reguetón y el trap. Se usa para señalar a alguien que no es genuino o que está tratando de engañar a los demás con sus mentiras.

FIAR

Significado: En Puerto Rico, "fiar" significa vender un producto o servicio sin recibir el pago inmediato, confiando en que la persona lo pagará más adelante. Es una práctica común en colmados y pequeños negocios, basada en la confianza entre el comerciante y el cliente.

Uso en oración: *"El colmado me fió el café hasta que cobre la semana que viene."*

Nota cultural: Fiar ha sido una tradicción en muchas comunidades puertorriqueñas, especialmente en barrios y zonas rurales, donde los colmados y pequeños comerciantes permiten que los clientes adquieran productos esenciales con la promesa de pago en una fecha posterior.

FICHUREO

Significado: En Puerto Rico, "fichureo" se refiere a la actitud de alardear o exhibirse con la intención de impresionar a los demás. Se usa para describir cuando alguien muestra su apariencia, pertenencias o estatus social de manera ostentosa, especialmente en fiestas o redes sociales.

Uso en oración: *"Ella se pasa fichureando en Instagram."*

Origen: Proviene del inglés *feature*, que significa resaltar o destacar algo. En Puerto Rico, el término evolucionó para describir el acto de exhibirse con la intención de sobresalir y proyectar una imagen de éxito exagerada.

FIEBRÚ

Significado: En Puerto Rico se refiere a una persona que está extremadamente entusiasmada o apasionada por algo, especialmente cuando se dedica de manera intensa a un pasatiempo o alguna otra actividad.

Uso en oración: *"Ese tipo es un fiebrú del baloncesto, siempre está viendo los juegos."*

Origen: El término "fiebrú" proviene de la palabra "fiebre", pero en un contexto figurado. En lugar de referirse a una enfermedad, hace alusión al "fervor" o "calor" de la pasión hacia un interés o actividad.

FILOTEAO

Significado: Adjetivo que describe a una persona que se ve bien, especialmente cuando está vestida de manera elegante o llamativa. La palabra implica que la persona ha tomado tiempo para arreglarse y está lista para impresionar, mostrando un estilo cuidado y atractivo.

Uso en oración: *"Ese tipo se ve bien filoteao con ese traje."*

Origen: La palabra "filoteao" puede derivar de "filo", que en este contexto hace referencia a algo bien afilado o bien presentado, lo que resalta la idea de una persona que se ve destacada o bien arreglada.

FOLLÓN

Significado: Situación caótica, desaordenada o problemática que genera confusión o alboroto. También puede referirse a una pelea o discusión acalorada, e incluso para describir un problema serio o un *peo grande*.

Uso en oración: *"Se formó tremendo follón en la fila del concierto cuando abrieron las puertas del Choliseo."*

Origen: Deriva del español antiguo *follón*, que significa desorden o tumulto. Aunque es una palabra utilizada en varios países hispanohablantes, en Puerto Rico se usa principalmente para describir un caos o conflictos.

FOTUTO

Significado: Objeto que produce sonido, como un pito o una bocina, pero en contexto más coloquial, también se utiliza para referirse a algo en general.

Uso en oración: *"El tipo anda con un fotuto ahí."*

Origen: La palabra *fotuto* proviene de pito o bocina, pues se relaciona con hacer ruido o llamar la atención sin tener sustancia detrás. Es una expresión comúnmente utilizada de manera humorística para describir algo.

FREGAO

Significado: Describe a una persona descarada, atrevida o carifresca, que actúa sin vergüenza ni consideración por los demás. También puede referirse a alguien que se aprovecha de una situación sin importar las consecuencias que puedan surgir.

Uso en oración: *"Pero que fregao es ese tipo, mira como se cuela en la fila del supermercado."*

Origen: Proviene del verbo "fregar", que literalmente significa lavar o restregar algo. En este contexto, se usa de manera figurada para expresar molestia o incomodidad ante el comportamiento atrevido de alguien.

FRESCO

Significado: En Puerto Rico, "fresco" se utiliza para describir a una persona que actúa con desfachatez o descaro, sin vergüenza alguna. Es alguien que hace o dice cosas sin preocuparse por las normas sociales o por las consecuencias de sus acciones, mostrando una actitud audaz o incluso inoportuna.

Uso en oración: *"Que fresco es pidiéndo favores cuando sabe que no va a cumplir con nada."*

Nota cultural: "Fresco" se usa en situaciones cotidianas para señalar a quienes actúan sin medir sus palabras o actos, especialmente en situaciones donde se espera una cierta moderación o respeto. Es un término usado de manera informal para referirse a alguien que es atrevido.

FRISA

Significado: Manta o cobija gruesa utilizada para abrigarse, especialmente en noches frías o con aire acondicionado fuerte.

Uso en oración: *"Prende el aire, pero pásame la frisa porque me da frío rápido."*

Origen: Proviene del inglés *fleece*, que significa lana o tejido afelpado. La palabra se adaptó en Puerto Rico para referirse a cualquier manta cálida.

FRONTEAR

Significado: Mostrar una actitud de superioridad o presumir de forma exagerada, ya sea alardeando de bienes materiales, logros o estatus. También puede significar desafiar o retar a alguien con actitud de confianza extrema.

Uso en oración: *"No tienes que frontear con tu ropa de marca, la verdadera personalidad vale más que eso."*

Origen: Derivado del inglés *front* (frente), en Puerto Rico adquirió el significado de aparentar poder y éxito.

FÚCHILA

Significado: Expresión utilizada para indicar desagrado o repulsión ante un mal olor, algo sucio o desagradable en general. Es similar a decir "¡que asco!" o "¡que peste!".

Uso en oración: *"¡Fúchila! Ese basurero huele horrible."*

Variantes creativas:
Expresiones similares usadas en Puerto Rico para decir que algo huele mal son: *fó, fuchi o wákatela.*

FUFÚ

Significado: En Puerto Rico, "fufú" se utiliza para referirse a una práctica de "brujo" o hechicería en la que se realiza un ritual con la intención de hacerle daño a otra persona. También se asocia con malas energías, brujerías o magia negra que se usan para manipular a alguien.

Uso en oración: *"Cuidado con esa mujer, que dicen le echo un fufú al marido para que se enfermara y terminó en el hospital bien malito y moribundo."*

Nota cultural: Aunque el "fufú" es considerado parte de las creencias de la santería y otras prácticas espirituales, su uso común en la jerga popular está más relacionado con descalificar o advertir sobre malas intenciones.

GALILLO

Significado: En Puerto Rico, *galillo* es una forma de referirse a la garganta, especialmente en contextos informales. Se usa en expresiones relacionadas con la voz, la sed o el esfuerzo al hablar o cantar.

Uso en oración: *"Tengo el galillo seco de tanto hablar."*

Origen: El término *galillo* proviene del español antiguo *garguillo*, una variante de garganta, usada en distintas regiones hispanohablantes con significados similares.

GASNATÁ

Significado: Golpe fuerte y sonoro en la cara o el cuello, generalmente una bofetada dada de manera rápida e inesperada. Se usa para describir un manotazo que deja marca o causa impacto, ya sea un tono serio o de manera exagerada o jocosa.

Uso en oración: *"Si sigues molestando, te vas a llevar tremenda gasnatá."*

Origen: Proviene de la palabra *gasnate*, que es un término coloquial para referirse a la garganta o el cuello. En Puerto Rico, se transformó en *gasnatá*, asociándose con un golpe en esa área.

Variantes creativas: Otras maneras que los puertorriqueños utilizan para describir una *gasnatá* son: "galleta" y "galletazo".

GATA

Significado: En Puerto Rico, *gata* es una jerga utilizada para referirse a una mujer, especialmente en el contexto de la cultura urbana y el reguetón. Puede implicar atractivo físico o una actitud segura y llamativa.

Uso en oración: *"Esa gata está bien dura."*

Origen: El término proviene de la asociación con la agilidad y el misterio de los gatos, adaptado en la jerga urbana para describir a mujeres con una actitud seductora o empoderada.

GIRLA

Significado: Adaptación del inglés *girl* que se usa de manera coloquial para referirse a una mujer, especialmente en contextos informales o dentro de la cultura urbana.

Uso en oración: *"Voy a salir con mi girla esta noche."*

Nota cultural: Se escucha con frecuencia en el lenguaje juvenil y en la música urbana, especialmente en el reguetón y el trap latino, como parte del estilo distintivo del español influenciado por el inglés.

GRANUJA

Significado: Se usa para describir a una persona tramposa, astuta o de malas intenciones, especialmente si se aprovecha de los demás. También puede referirse a alguien pícaro o travieso, dependiendo del contexto.

Uso en oración: *"Ese granuja siempre anda buscando cómo sacar ventaja de los demás."*

Origen: La palabra *granuja* proviene del español antiguo y originalmente hacía referencia a mendigos o pillos callejeros. En Puerto Rico, aunque no es de uso tan común como otras palabras, sigue empleándose para señalar a alguien de dudosa moral o que actúa con picardía.

GUAGUA

Significado: En Puerto Rico, *guagua* se refiere a un autobús o cualquier vehículo grande utilizado para el transporte de pasajeros incluyendo camionetas o SUV.

Uso en oración: *"La guagua es bien espaciosa, acomoda a toda la familia."*

Origen: Se cree que el término guagua proviene de una adaptación del inglés *wagon* o de "Washington Wagon", nombre de una antigua compañía de transporte.

GUAME

Significado: Se refiere a algo que es fácil de hacer o conseguir. Es una expresión utilizada para indicar que una tarea o situación no representa mucha dificultad.

Uso en oración: *"Que guame, consiguió el trabajo porque su papá es dueño de la compañía."*

Nota cultural: En Puerto Rico, esta palabra refleja el uso de un lenguaje directo y expresivo, característico de las conversaciones informales y cotidianas.

GUASA GUASA

Significado: Se refiere a historias exageradas, engaños o cuentos fantásticos que no tienen credibilidad. Se usa para describir conversaciones llenas de falsedades, inventos o relatos dudosos que buscan impresionar o engañar a otros.

Uso en oración: *"No le creas nada, todo lo que dice es pura guasa guasa."*

Origen: El término proviene de *guasa*, una palabra caribeña que significa broma, chiste o burla. La repetición enfatiza la idea de que algo es completamente falso.

GUAYABERA

Significado: En Puerto Rico, *guayabera* es una camisa liviana de manga larga o corta, hecha de lino o algodón, con pliegues verticales y bolsillos en la parte frontal. Se usa en eventos tanto formales como informales debido a su comodidad y estilo elegante.

Uso en oración: *"Voy a ponerme una guayabera para la boda en la playa."*

Nota cultural: En Puerto Rico, la guayabera es una prenda tradicional utilizada en celebraciones, eventos oficiales y reuniones familiares, siendo un símbolo de elegancia tropical y frescura.

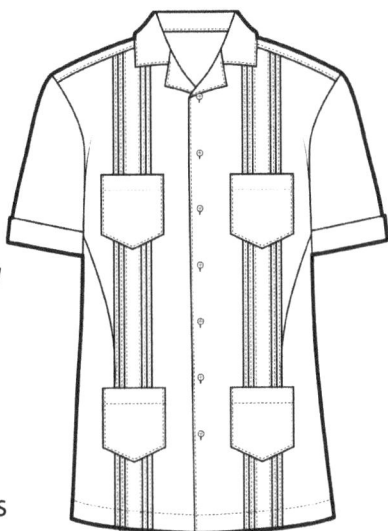

GUAYAR

Significado: Dependiendo el contexto, esta palabra puede significar raspar una superficie con fuerza, sufrir un golpe fuerte o fracasar en algo, especialmente en un examen o tarea.

Uso en oración: *"Voy a guayar el queso para hacer unas alcapurrias bien sabrosas." "Me caí bajando la cuesta y me guayé bien feo las rodillas."*

Nota cultural: Aparte de usarse para referirse a repobrar exámenes, recibir un golpe provocado por una caída o en el contexto de raspar, en la música urbana, *guayar* se usa como sinónimo de bailar pegado o moverse con intensidad en la pista.

GUAYNABITO

Significado: Se refiere a una persona originaria de Guaynabo, un municipio en Puerto Rico. Se usa para describir a alguien que vive en esta zona y es percibido como creído o pretencioso por su estatus económico y su ubicación en un área de alto nivel socioeconómico.

Uso en oración: *"Ese tipo es un guaynabito, siempre se cree mejor que los demás."*

Origen: El término proviene del nombre de la ciudad de Guaynabo, que ha sido considerada históricamente una de las áreas más prósperas de Puerto Rico.

GUFIAO

Significado: *Gufiao* en Puerto Rico se usa para describir algo que es chévere, interesante o impresionante.

Uso en oración: *"Ese carro está bien gufiao."*

Nota cultural: *Gufiao* se ha convertido en una palabra popular en la jerga puertorriqueña y se utiliza sobre todo en contextos informales entre jóvenes o personas que buscan transmitir un tono positivo y entusiasta sobre algo que consideran "cool".

GUILLAO

Significado: Persona que se cree superior o presume de algo, ya sea de sus habilidades, apariencia o estatus.

Puede usarse también para describir a alguien que actúa con mucha confianza en sí mismo, incluso si no tiene razones para ello.

Uso en oración: *"Se cree guillao de cantante, pero nadie lo quiere escuchar."*

Nota cultural: En Puerto Rico, alguien puede estar "guillao" porque realmente es bueno en algo, o porque simplemente se cree más de lo que es. En la música urbana, especialmente en el reguetón y el trap boricua, es común escuchar frases como "Yo ando guillao de jefe", haciendo referencia a un estilo de vida de éxito.

GUILLE

Significado: En Puerto Rico se refiere a una actitud arrogante, pretenciosa o presumida. Cuando alguien tiene *guille*, actúa de manera que demuestra sentirse superior a los demás o quiere impresionar mostrando una falsa imagen de grandeza.

Uso en oración: *"No soporto el guille que tiene tu primo, se cree mejor que todo el mundo."*

Origen: Aunque se cree que la palabra *guille* tiene sus raíces en el concepto de "guilt" (culpa) en inglés, su significado en Puerto Rico ha evolucionado para referirse a esa actitud de superioridad.

GUINDALEJO

Significado: Objeto que cuelga de algún lugar, generalmente de manera inestable o descuidada. Puede también referirse a una prenda de ropa, accesorio o cualquier cosa que esté colgando de manera visible y suelta.

Uso en oración: *"Ese guindalejo que tienes ahí se te puede caer en cualquier momento."*

Origen: La palabra proviene del verbo *guindar*, que en Puerto Rico significa colgar o estar suspendido. *Guindalejo* es una variación utilizada de manera coloquial para referirse a algo que cuelga de forma suelta o llamativa.

GÜIRO

Significado: Instrumento musical de percusión de origen taíno, hecho tradicionalmente de una calabaza seca con ranuras talladas en su superficie. Se raspa con un palillo para producir un sonido rítmico característico.

Uso en oración: *"El güiro es fundamental en la música navideña, dándole el ritmo a los aguinaldos."*

Origen: Esta palabra proviene del lenguaje taíno y se ha mantenido en el español de Puerto Rico y otras partes del Caribe. Su uso como instrumento es esencial en la música tradicional puertorriqueña, especialmente en géneros como la plena y la salsa.

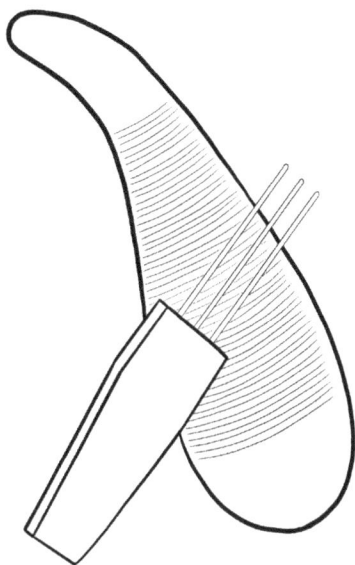

GUISO

Significado: En Puerto Rico, *guiso* puede referirse a dos cosas: una plato de comida cocinado lentamente con carne, vegetales y especias o a una oportunidad de trabajo o negocio, generalmente de manera ventajosa.

Uso en oración: *"Voy a hacer un guiso de pollo para la cena." "Ese tipo siempre tiene un guiso pa' hacer chavos."*

Origen: El significado culinario proviene del verbo *guisar*, que significa cocinar. Su uso en el ámbito laboral surge de la idea de "cocinar" un plan o negocio, a menudo con un matiz de astucia o aprovechamiento.

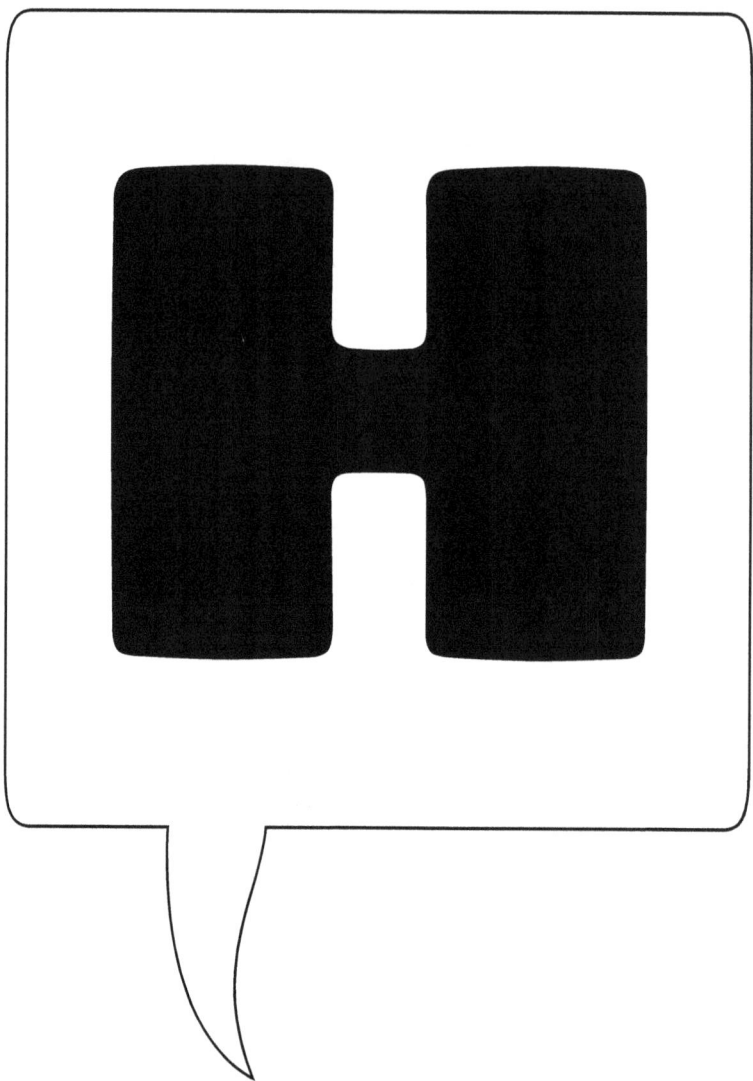

HABICHUELAS

Significado: En Puerto Rico, esta palabra tiene dos interpretaciones. Puede ser un tipo de frijol, especialmente rojo o blanco, que son un alimento básico de la cocina puertorriqueña o, en sentido figurado, se usa para referirse al sustento o trabajo de alguien.

Uso en oración: *"Hoy voy a cocinar arroz con habichuelas y chuletas." "Yo no doy quejas en el trabajo porque no me gusta jugar con las habichuelas de nadie."*

Origen: La palabra *habichuela* proviene del latín *faba* (haba) y del diminutivo español *habichuela*. En Puerto Rico, al igual que en República Dominicana y otras partes del Caribe, *habichuelas* es el término común para los frijoles, a diferencia de países como México y Nicaragua.

HUEVUCHO

Significado: Se refiere a un chichón o protuberancia notable producto de un impacto.

Uso en oración: *"Bendito, el nene se dio un cantazo fuerte y le salió un huevucho en la frente."*

Nota cultural: En Puerto Rico, los golpes y chichones en los niños son parte de la vida cotidiana, y los adultos suelen usar términos coloquiales como *huevucho* para describir estas pequeñas lesiones con un tono más liviano. Es común que las abuelas recomienden remedios caseros como compresas frías o la clásica "sana, sana, colita de rana" para aliviar el dolor.

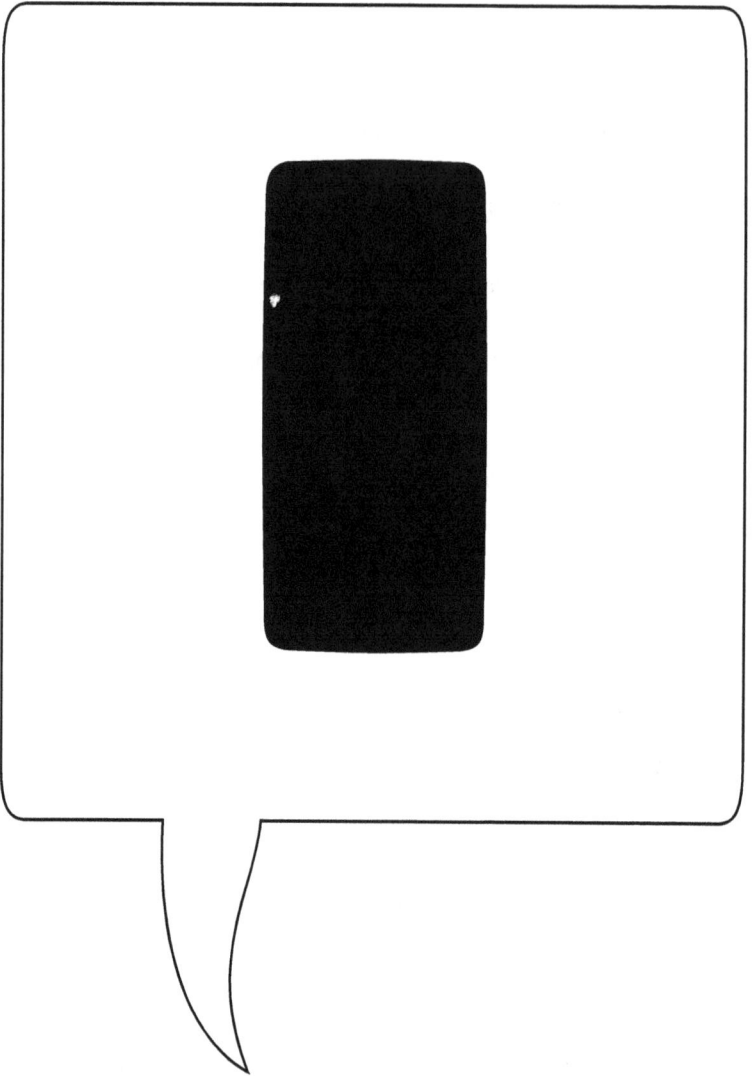

INCORDIO

Significado: Persona, situación o cosa que causa molestia, fastidio o incomodidad. Se usa para describir algo tedioso o irritante que interrumpe la tranquilidad.

Uso en oración: *"Eres bien incordio, siempre me molestas cuando estoy bien ocupada."*

Origen: La palabra *incordio* proviene del español general y se usa en diversos países hispanohablantes. En la isla, se emplea con frecuencia para describir a una persona que es inoportuna o a una situación que genera frustración.

INSECTO

Significado: En su sentido literal, un insecto es un pequeño animal invertebrado con un cuerpo segmentado. Sin embargo, en Puerto Rico, el término también se usa de manera coloquial para describir a una persona traicionera o desleal, alguien que actúa con doble intención y no es de confianza.

Uso en oración: *"No le cuentes nada a ese tipo, es un insecto, seguro va y te chotea."*

Nota cultural: El uso de "insecto" en Puerto Rico refleja la percepción negativa de estos pequeños animales, que suelen ser vistos como molestos, sigilosos y difíciles de atrapar. Así como un insecto, la persona que se le llame "insecto" es aquella que actúa con engaño, traiciona la confianza de los demás o se aprovecha de las situaciones en su propio beneficio.

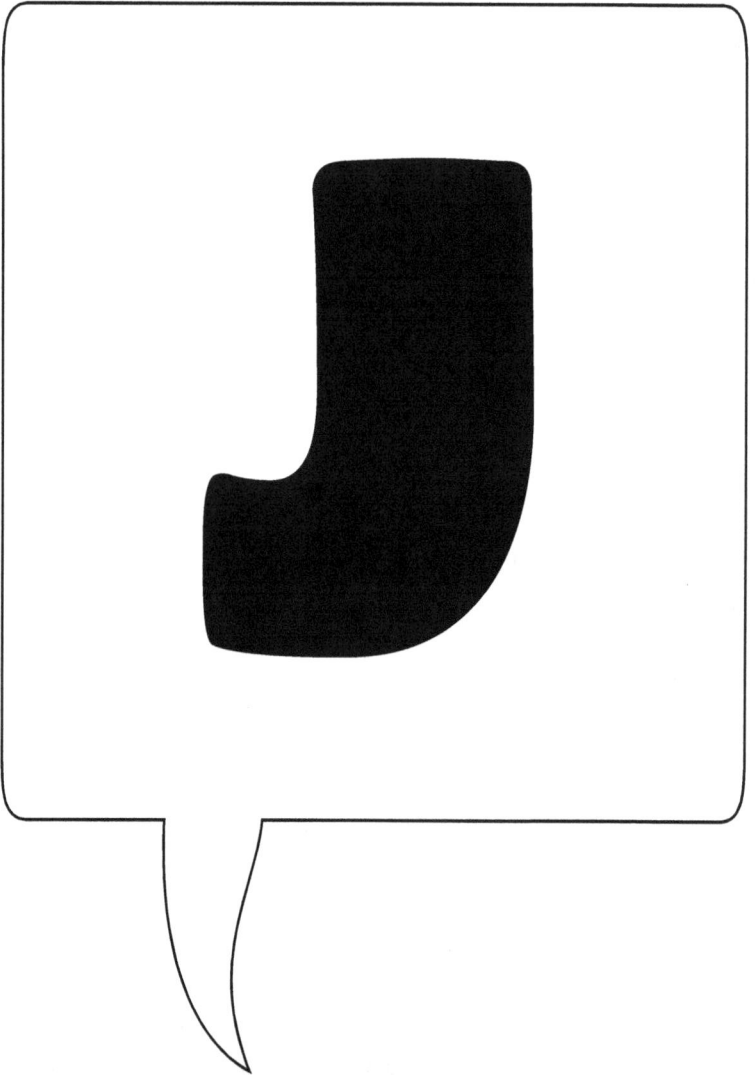

JALAO

Significado: En Puerto Rico, *jalao* se refiere a una persona muy delgada o flaca, que parece estar exhausta o que tiene una complexión física muy estrecha.

Uso en oración: *"Se ve bien jalao desde que se enfermó y no pudo comer nada."*

Origen: Este término deriva de la palabra "jalar", que implica estirarse o alargarse, lo que en este caso se utiliza para describir a alguien que parece alargado o extremadamente delgado.

JALDA

Significado: *Jalda* hace referencia a la parte baja de un monte o montaña, especialmente aquella zona que se encuentra cerca del pie de la misma.

Uso en oración: *"Vamos a caminar por la jalda del monte."*

Origen: El término *jalda* proviene de una adaptación local del vocabulario geográfico de Puerto Rico, usado comúnmente en áreas rurales para describir la pendiente o base de una montaña.

JAMAQUEÓN

Significado: Sacudida fuerte o movimiento brusco que puede aplicarse a personas, objetos o situaciones. También puede referirse a una experiencia impactante o una reprimenda severa.

Uso en oración: *"El temblor dio un jamaqueón tan fuerte que se cayeron varios cuadros de la pared."*

Origen: Proviene del verbo "jamaquear", que en español caribeño significa sacudir con fuerza. Se usa en la isla para describir movimientos físicos o situaciones intensas.

JAMONA

Significado: Adjetivo que se utiliza para describir a una mujer que es considerada soltera y que aún no ha tenido pareja o que está en edad de casarse, pero no lo ha hecho.

Uso en oración: *"Ya no quiero ser jamona, necesito encontrar a alguien con quien casarme."*

Origen: El término *jamona* proviene de la palabra *jamón*, que en este contexto hace referencia a algo que ha quedado "pasado de fecha" o sin usar, haciendo una analogía con una mujer que no se ha casado o tenido pareja a una edad considerada "tarde" por las expectativas sociales.

Nota cultural: Aunque puede ser ofensivo para algunas personas, esta expresión también puede usarse de forma amistosa o irónica en círculos más cercanos.

JAMPIAR

Significado: Comer o beber algo por completo, con rapidez o con mucho entusiasmo. Puede también implicar disfrutar la comida de manera intensa, sin dejar nada.

Uso en oración: *"Se acaba de jampiar el plato completo."*

Nota cultural: *Jampiar* es una palabra de uso común en la isla, especialmente entre los jóvenes, y se deriva del inglés "jump" (saltar), aunque su significado evolucionó dentro del argot puertorriqueño para describir el acto de devorar la comida con gusto.

JANGUEO

Significado: Acto de pasar el rato, socializar o salir a disfrutar con amigos en un ambiente relajado y sin compromisos formales. Es sinónimo de "salir" o "pasar un buen rato". Suele implicar actividades informales como ir a la playa, comer, beber o simplemente estar juntos sin un propósito específico.

Uso en oración: *"Este fin de semana vamos para el jangueo en la playa con todo el corillo."*

Origen: *Jangueo* proviene del inglés "hang out", que se traduce como pasar el rato, especialmente en un contexto de socialización relajada.

JARTERA

Significado: Acción de comer en exceso o hacer algo de manera excesiva, hasta llegar al punto de sentirse harto o saturado. El término se utiliza para describir la sensación de haber llegado al límite debido al exceso de algo, ya sea comida, bebida u otra actividad culinaria.

Uso en oración: *"Me di zenda jartera después de ir a Guavate y comer lechón."*

Origen: El término *jartera* proviene de la palabra *jartura*, que describe el estado de hartazgo o saciedad.

JARTO

Significado: En Puerto Rico, *jarto* se refiere a una persona que está harta, cansada o fastidiada de algo o alguien. Puede también describir una situación que está sobrecargada o excesiva, causando agotamiento.

Uso en oración: *"Estoy jarto de tanto trabajo."*

Origen: El término *jarto* proviene de la expresión *hartarse*, que implica llegar a un punto de cansancio o saturación en situaciones cotidianas o extremas y en la isla se usa para expresar frustración.

JENDÍO

Significado: Adjetivo que se usa para describir a alguien que está extremadamente borracho, al punto de perder el control o estar visiblemente afectado por el alcohol.

Uso en oración: *"Estaba tan jendío que no podía ni caminar derecho."*

Origen: El término proviene de *hendido*, que significa "partido o desgarrado". En Puerto Rico, adquirió el significado de estar completamente afectado por el alto consumo de alcohol.

JERINGAR

Significado: Verbo que refiere a molestar, fastidiar o interrumpir a alguien de manera constante. Implica una acción que incomoda o altera a otra persona, ya sea de manera ligera o más persistente.

Uso en oración: *"Siempre está jeringando en clase, no deja a los otros estudiantes estudiar en paz."*

Nota cultural: Es una palabra utilizada frecuentemente en situaciones cotidianas para expresar que alguien está causando molestias o incomodidad.

JEVO

Significado: En Puerto Rico, *jevo* se usa para referirse a un novio, pareja o interés romántico. También puede describir a una persona atractiva o con estilo. En algunos contextos, se utiliza para hablar de alguien con quien se tiene una relación informal o sin compromiso.

Uso en oración: *"Ella es mi jeva, llevamos saliendo un par de meses." "Mira qué jevo, está bien guapo."*

Origen: Se cree que la palabra proviene del caló, una jerga usada por los gitanos en España, donde *jevo* o *jeva* se utilizaba para referirse a una pareja.

JÍBARO

Significado: En Puerto Rico, se refiere a una persona de campo, especialmente aquellos que viven en zonas rurales. En un sentido más amplio, también puede describir a alguien que sigue o valora las tradiciones rurales y la vida sencilla, o incluso alguien que tiene una actitud o comportamiento relacionado con la cultura campesina

puertorriqueña. En algunos contextos, se utiliza para referirse a personas humildes y honestas.

Uso en oración: *"Mi abuelo era un jíbaro que trabajaba en el campo." "Ese es un jíbaro de pura cepa, le gusta la música tradicional y el coquito."*

Origen: La palabra tiene raíces en el Taíno y se utilizaba originalmente para referirse a los indígenas de Puerto Rico. Con el tiempo, el término pasó a designar a campesinos y personas que viven fuera del área metro.

Nota cultural: Aunque históricamente se utilizaba para referirse a personas del campo, hoy en día, ha adquirido un significado simbólico que evoca la identidad nacional.

JIMIQUEANDO

Significado: El término *jimiqueando* se usa para describir a alguien que está quejándose constantemente, actuando con exageración o haciendo drama por algo. Puede referirse también a una persona que se muestra temerosa o insegura en una situación.

Uso en oración: *"Deja de estar jimiqueando y termina el trabajo de la escuela."*

Origen: Se cree que el término viene del llanto o quejido, imitando el sonido que hace alguien al lamentarse.

Nota cultural: En Puerto Rico, decirle a alguien que está *jimiqueando* puede ser una forma de reprochar su actitud quejumbrosa o exagerada ante una situación.

JINCHO

Significado: Adjetivo que refiere a una persona de piel muy blanca o pálida, generalmente usada para describir a alguien con un tono de piel extremadamente claro. El término puede emplearse con humor o como una forma de burla ligera, dependiendo del contexto.

Uso en oración: *"Después de tanto tiempo dentro de la casa, se puso bien jincho." "Pasó un susto tan grande que se quedó jincho."*

Nota cultural: El uso de *jincho* puede variar según la región y el contexto, y en algunos casos se usa en tono humorístico o afectivo, sin intención de ofender. Es una forma más comúnmente usada en el Caribe para describir a alguien con piel clara.

JINQUETAZO

Significado: Término utilizado para describir un golpe dado con el puño. Generalmente, se refiere a un golpetazo fuerte y directo, y puede usarse tanto en situaciones de pelea como en contextos informales, donde se exagera la fuerza del golpe.

Uso en oración: *"Le dio un jinquetazo al tipo que lo estaba molestando desde temprano."*

Origen: Proviene de la combinación de la palabra "jinque" (una variante de "jinqueao", que hace referencia a una caída o tropiezo) y el sufijo "-azo", que indica algo grande o fuerte. Es una forma de describir un gran impacto.

Variantes: Otras maneras de describir un *jinquetazo* en Puerto Rico son: "bimbazo" o "burrunazo".

JOLGORIO

Significado: Reunión o celebración animada, caracterizada por la alegría, el bullicio y la diversión. Se usa para describir fiestas, festivales o cualquier encuentro donde predomine el entusiasmo y la algarabía.

Uso en oración: *"El jolgorio en las Fiestas de la Calle San Sebastián dura hasta el otro día."*

Origen: Proviene del español antiguo y se ha mantenido en el habla hispana, incluyendo Puerto Rico. Su raíz etimológica está relacionada con el concepto de regocijo y alegría compartida en comunidad.

JOROBAR

Significado: Verbo que se usa para describir la acción de fastidiar, molestar o interrumpir a alguien de manera persistente. Puede referirse a hacer que alguien se sienta incómodo por acciones o comentarios molestos.

Uso en oración: *"Me estás jorobando con tanta pregunta."*

Nota cultural: *Jorobar* es comúnmente empleado en situaciones informales o de frustración ligera, reflejando una forma casual de referirse al acto de molestar a alguien sin mayores consecuencias. Es parte del vocabulario popular en Puerto Rico y otras partes del Caribe.

JOYANCA

Significado: Hoyo grande o depresión en el terreno, generalmente natural y de gran profundidad. También puede referirse a un terreno muy bajo que tiende a acumular agua o a ser de difícil acceso.

Uso en oración: *"No pases por ahí, que hay una joyanca llena de agua y te puedes caer."*

Origen: La palabra "joyanca" tiene raíces en el español antiguo y puede estar relacionada con términos usados en otras regiones hispanohablantes para describir terrenos irregulares o depresiones en el suelo.

Nota cultural: Utilizado en algunas regiones de la isla para describir cavidades en la tierra que suelen salir en zonas rurales y cerca de cuerpos de agua.

JULEPE

Significado: En Puerto Rico se refiere a un problema, inconveniente o situación molesta que causa fastidio o complicaciones. Se usa para describir una dificultad que interrumpe la normalidad o algo que resulta ser un estorbo para la persona.

Uso en oración: *"Esa situación con el carro fue un julepe, tuvimos que esperar horas para que llegara la grúa."*

Nota cultural: *Julepe* se utiliza de forma coloquial para describir situaciones complicadas o molestas, especialmente aquellas que requieren tiempo o esfuerzo para resolver. Es un término comúnmente usado en situaciones informales.

JURUTUNGO

Significado: La palabra *jurutungo* se usa para describir un lugar extremadamente remoto, apartado o difícil de llegar. A menudo se emplea de forma exagerada para enfatizar que algo queda muy lejos.

Uso en oración: *"Tu prima vive en el jurutungo viejo."*

Nota cultural: La palabra se emplea comúnmente de manera humorística o hiperbólica en conversaciones cotidianas para expresar molestia o sorpresa ante lo lejos que está un lugar.

JUYILANGA

Significado: Persona que huye rápidamente, generalmente para evitar un problema, una responsabilidad o una situación incómoda. La palabra enfatiza la rapidez y astucia con la que alguien desaparece de un lugar.

Uso en oración: *"Juanito me debía chavos, así que cuando fui a cobrarle se fue a la juyilanga."*

Origen: Proviene del verbo *juyir*, que en el español puertorriqueño significa huir. La terminación "*-langa*" se añade de forma coloquial para darle un tono más expresivo y gracioso.

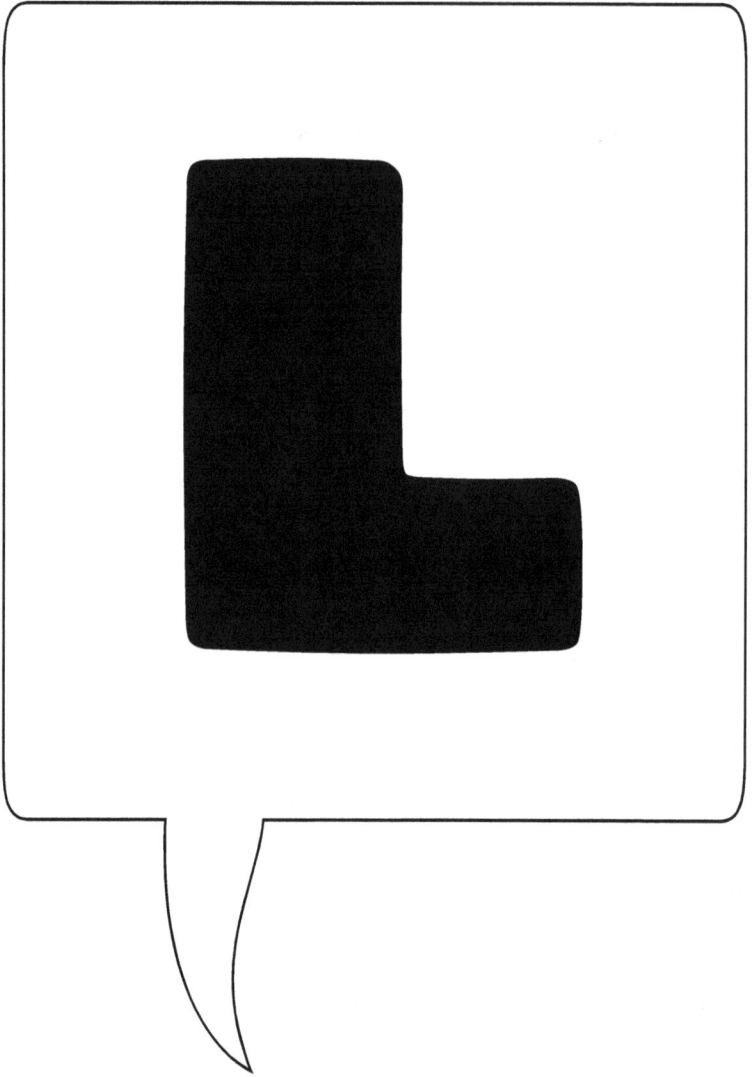

LABIOSO

Significado: Persona que habla de manera persuasiva, elocuente o encantadora, generalmente con la intención de convencer, manipular o engañar. Se usa comúnmente para referirse a alguien que tiene facilidad de palabra para seducir o conseguir favores.

Uso en oración: *"No te dejes engañar por él, es bien labioso y siempre consigue lo que quiere con sus palabras."*

Origen: Derivado de "labia", término que hace referencia a la habilidad verbal de una persona. En Puerto Rico y otros países de habla hispana, "labioso" describe a alguien que utiliza su discurso hábilmente, ya sea con intenciones sinceras o manipuladoras.

LAMBÓN

Significado: Persona que busca beneficios o favores de otros de manera insistente, aduladora o interesada. "Lambeojo" es una variante más enfática del término, enfatizando la actitud servil o interesada de la persona.

Uso en oración: *"Ese tipo es un lambón, siempre está tratando de que el jefe le de un mejor puesto."*

Origen: Proviene del verbo "lamber" (acción de lamer), usado figurativamente para referirse a quienes buscan ganarse el favor de alguien mediante halagos excesivos o una actitud sumisa. En Puerto Rico no es un halago; suele usarse de manera despectiva para señalar a alguien que busca quedar bien a costa de su dignidad.

LE LO LAI

Significado: Expresión utilizada en Puerto Rico que hace referencia a un canto tradicional navideño campesino, comúnmente asociado a la época de las fiestas de Navidad. Este canto es parte de la música folclórica puertorriqueña, especialmente en el género de los aguinaldos, y suele interpretarse durante celebraciones y festividades rurales.

Uso en oración: *"En Navidad siempre cantamos le lo lai en las parrandas con la familia."*

Origen: *Le lo lai* tiene sus raíces en la música popular de las zonas rurales de Puerto Rico, siendo parte de la tradición de aguinaldos, un tipo de música navideña vinculada a la celebración campesina.

Nota cultural: El *le lo lai* es una de las muchas manifestaciones de la rica herencia musical puertorriqueña, especialmente destacada durante las festividades navideñas. Este canto refleja el espíritu festivo y comunitario de las parrandas y las reuniones familiares de la época.

LIGAR

Significado: Observar a alguien con disimulo, generalmente con interés romántico o de atracción. También puede referirse al acto de intentar seducir a alguien mediante miradas, gestos o palabras sutiles.

Uso en oración: *"Ese muchacho no deja de ligar a la mujer que está sentada en la barra." "Fui al centro comercial con mis amigas y me di cuenta de que me estaban ligando desde la tienda que queda al lado."*

Origen: Deriva del español "ligar", que en varios países hispanohablantes significa conquistar o seducir a alguien. En Puerto Rico, el término mantiene este significado, aunque también puede referirse a simplemente mirar con intención o interés.

LIMAZO

Significado: En Puerto Rico, *limazo* se refiere a un regaño o reprimenda fuerte, generalmente por haber hecho algo incorrecto o por no cumplir con las expectativas. Es un término utilizado para describir cuando alguien es corregido de manera estricta o severa.

Uso en oración: *"Mi mamá me dio un limazo por no recoger mi cuarto como me lo pidió desde temprano."*

Origen: Este término proviene de la palabra "limar", que en algunos contextos significa pulir o afilar. Se usa aquí en un sentido figurado para indicar que la reprimenda "afila" o ajusta el comportamiento de la persona.

MACACOA

Significado: Se refiere a la mala suerte o un evento desafortunado. Se utiliza para describir situaciones que ocurren sin que se pueda evitar, como una cadena de infortunios o problemas que parecen surgir sin razón.

Uso en oración: *"Me ha caído la macacoa, que mal."*

Origen: Esta palabra podría derivar de la palabra *macaco*, que en algunas zonas se refiere a un tipo de mono, pero en este contexto es más una forma figurada de referirse a algo que "da vueltas" o que no tiene sentido, como los eventos que ocurren sin explicación.

MACARACACHIMBA

Significado: Adjetivo que se usa para describir a alguien que se cree superior a los demás o a quien consideran como el mejor en algo. Puede tener un tono de admiración o de sarcasmo, dependiendo del contexto.

Uso en oración: *"Él anda por ahí creyéndose el macaracachimba del barrio."*

Origen: Proviene de la frase *masca la cachimba*, que, según algunas fuentes, era una forma en que ciertas tribus indígenas se referían al cacique, ya que aparentemente era el único que tenía el privilegio de mascar tabaco.

Nota cultural: En la isla se usa en tono jocoso y exagerado para resaltar algo que sobresale.

MACETA

Significado: Describe a una persona extremadamente tacaña o avara, alguien que evita gastar dinero incluso cuando es necesario.

Uso en oración: *"No seas tan maceta y suelta algo para la gasolina del carro."*

Origen: El término podría derivar del concepto de una maceta como un objeto que guarda algo dentro (tierra, raíces, nutrientes), reflejando la idea de alguien que acumula sin soltar. Podría estar relacionado con la dureza y rigidez de una maceta de barro o cemento, simbolizando a una persona inflexible con el dinero.

MAHÓN

Significado: *Mahón* se usa para referirse a los pantalones de mezclilla, conocidos en otros países como *jeans* o *vaqueros*. Es una prenda versátil y resistente, utilizada tanto para el trabajo como para el día a día. En Puerto Rico, la palabra no solo se refiere al material de la tela, sino específicamente a los pantalones confeccionados con este tejido.

Uso en oración: *"Esos mahones te quedan súper bien."*

Origen: El término proviene de la ciudad *Mahón*, en la isla de Menorca, España. En el siglo XVIII, esta ciudad era famosa por producir una tela de algodón teñida de azul y muy resistente, que se exportaba a distintas partes del mundo. Esa tela sirvió de inspiración para la creación del denim moderno. En Puerto Rico, el nombre *mahón* se mantuvo y hoy en día sigue siendo la manera más común de referirse a los pantalones de mezclilla.

MALTA

Significado: Bebida dulce y carbonatada hecha a base de malta de cebada y otros cereales. Tiene un color oscuro y un sabor distintivo, similar a una cerveza sin alcohol, aunque su proceso de elaboración es diferente. Es popular en Puerto Rico y otros países del Caribe, donde se consume como una bebida refrescante.

Uso en oración: *"Nada mejor que tomarse una malta bien fría con un rico sándwich de mezcla."*

Origen: El término proviene del latín *maltum*, que hace referencia a la cebada germinada utilizada en la producción de bebidas fermentadas. Aunque la malta es un ingrediente esencial en la cerveza, la versión carbonatada y sin alcohol se popularizó en Puerto Rico y otros países caribeños como una alternativa que es nutritiva y refrescante.

MAMELUCO

Significado: Prenda de vestir de una sola pieza, similar a un "overall", que cubre el torso y las piernas. Se utiliza comúnmente en trabajos industriales, mecánicos o como ropa de bebé.

Uso en oración: *"Le compré un mameluco nuevo al bebé para que esté cómodo."*

Origen: Proviene del árabe *Mamlūk*, que hacía referencia a un grupo de guerreros esclavos en la historia islámica. Con el tiempo, el nombre se asoció con ciertas prendas en español, posiblemente por la idea de uniformidad y cobertura completa del cuerpo.

MAMEY

Significado: Esta palabra se refiere a algo que es fácil de hacer o conseguir. Se usa comúnmente para describir una tarea o situación que no presenta dificultad alguna.

Uso en oración: *"Esa tarea es un mamey, lo que hay es que copiarla directo del libro."*

Origen: El término proviene de la fruta tropical *mamey*, conocida por su sabor dulce y su textura suave. Dado que esta fruta se come fácilmente, se asocia con la idea de algo que es sencillo o fácil de hacer.

MAMEYAZO

Significado: En Puerto Rico,un *mameyazo* se refiere a un golpe fuerte o violento. Se utiliza para describir un impacto considerable que causa un gran dolor o efecto, similar a un golpe contundente.

Uso en oración: *"El señor le dio un mameyazo en la cara."*

Nota cultural: En la cultura puertorriqueña, el uso de *mameyazo* no solo denota un golpe físico, sino también puede aplicarse a situaciones figurativas, como una crítica o ataque verbal fuerte. También puede emplearse de manera figurada para describir una situación inesperada.

MAMISONGA

Significado: Adjetivo que describe a una mujer que se arregla mucho, se viste de manera llamativa y se muestra segura de sí misma. Puede tener una connotación positiva o negativa dependiendo del contexto, ya sea para admirar su estilo o para insinuar que busca llamar demasiado la atención de otros.

Uso en oración: *"Es tremenda mamisonga, siempre anda maquillada y vestida con accesorios de marca."*

Nota cultural: En el habla puertorriqueña, esta palabra no necesariamente implica algo negativo; en muchos casos, se usa con admiración para referirse a una mujer que cuida su apariencia y proyecta confianza. Sin embargo, en algunos contextos puede usarse con un tono burlón o crítico.

MAMOTRETO

Significado: Se refiere a un objeto grande, pesado o voluminoso, generalmente un libro, documento o cualquier cosa de gran tamaño y apariencia tosca.

Uso en oración: *"Ese mamotreto de libro pesa un montón."*

Origen: La palabra proviene del latín *mammothreptos*, que en griego antiguo significaba "criado por su abuela", y con el tiempo, se usó para referirse a algo grande o desproporcionado en tamaño.

MANDULETE

Significado: Adjetivo que describe a una persona perezosa, lenta o desganada, que evita el trabajo o las responsabilidades. Puede referirse también a alguien torpe o distraído en sus acciones.

Uso en oración: *"Ese muchacho es un mandulete, nunca hace nada bien."*

Nota cultural: El término suele usarse en un tono de regaño o burla, especialmente para describir a niños o jóvenes que son considerados vagos o distraídos.

MANGAR

Significado: Verbo que se usa para referirse a atrapar, descubrir o agarrar a alguien en el acto de hacer algo, especialmente si es indebido.

Uso en oración: *"Te mangaron copiando el exámen, ahora te metiste en problemas."*

Origen: Proviene del caló, una jerga utilizada por algunos grupos gitanos en España, donde significa "robar" o "conseguir". En Puerto Rico, el significado evolucionó para referirse más a atrapar a alguien en una acción o lograr obtener algo.

MAPO

Significado: Utensilio de limpieza utilizado para lavar los pisos. Este objeto tiene una estructura con un mango largo y una base con fibras, generalmente de algodón o sintéticas, que se mojan para limpiar el suelo.

Uso en oración: *"Tengo que terminar de pasar el mapo en la sala antes de que lleguen los invitados."*

Origen: El término *mapo* proviene del inglés "mop", utilizado en la misma referencia a un utensilio de limpieza, adaptado al español en su forma local.

MAQUINANDO

Significado: Describe el acto de estar planeando o tramando algo generalmente relacionado con situaciones complicadas, secretas o no muy honestas. Implica estar organizando algo en la mente, normalmente con la intención de lograr un objetivo que puede involucrar engaño o manipulación.

Uso en oración: *"Lo vi maquinando algo con sus amigos de cómo conseguir dinero fácil."*

Origen: La palabra proviene del verbo *maquinar*, que hace referencia a la acción de planificar o inventar algo, generalmente de manera secreta o astuta, como si fuera una máquina trabajando en algo.

MARQUESINA

Significado: Área techada en la parte frontal o lateral de una casa, generalmente utilizada como garage para estacionar vehículos. Es un espacio común para reuniones familiares, fiestas, juegos de dominó y otras actividades.

Uso en oración: *"Deja el carro en la marquesina para que no le dé el sol."*

Origen: La palabra proviene del francés *marquise*, que originalmente hacía referencia a un tipo de toldo o estructura con cubierta que se usaba para proteger entradas y ventanas. En la isla, el término evolucionó para referirse a la zona techada de las casas utilizada como garage y espacio social.

MARRAYOPALTA

Significado: En Puerto Rico, *marrayopalta* es una maldición utilizada para expresar enojo, frustración o desear que algo malo le ocurra a alguien. Se usa de manera similar a expresiones como *"que te parta un rayo"* o *"que te lleve el diablo".*

Uso en oración: *"Marrayopalta, por el tapón no voy a poder llegar a tiempo al trabajo."*

Origen: El término proviene de la frase "¡Mal rayo parta!", una expresión antigua utilizada para maldecir o desear desgracia a alguien. Con el tiempo, la pronunciación se transformó en *marrayopalta*, manteniendo su exclamación de enojo.

MASACOTE

Significado: Adjetivo que describe a algo o alguien que es excelente, extraordinario o de muy alta calidad. La palabra tiene una connotación positiva cuando se emplea para resaltar lo sobresaliente de una persona o cosa.

Uso en oración: *"Lo que sirven en ese restaurante es masacote del bueno."*

Nota cultural: Usar *masacote* en este contexto demuestra cómo el lenguaje puertorriqueño tiene la capacidad de transformar términos para transmitir expresiones de admiración y aprecio, agregando una dimensión de entusiasmo y emoción a lo que se describe. Llamar *masacote* a una persona se considera como un halago.

MEJUNJE

Significado: Se refiere a una mezcla, generalmente de elementos o ingredientes variados que no necesariamente combinan de forma armoniosa. En el contexto cotidiano, la palabra puede usarse para describir algo que parece ser una mezca caótica o desorganizada, como una bebida, un plato de comida o una situación que no tiene un orden claro de las cosas.

Uso en oración: *"Ese arroz con habichuelas tiene un mejunje de ingredientes, pero sabe bueno."*

Origen: La palabra *mejunje* proviene del latín *medicāmen*, que significa mezcla o remedio, y se ha utilizado para describir desde remedios caseros hasta combinaciones extrañas o desordenadas de objetos o situaciones.

MELAZA

Significado: En Puerto Rico, *melaza* se usa como un término coloquial para describir algo excelente, de alta calidad o que gusta mucho. Puede referirse a una experiencia emocionante, una comida deliciosa, una persona carismática o talentosa, o cualquier cosa que se destaque por ser excepcionalmente buena y agradable.

Uso en oración: *"Esa canción está melaza, me encanta el ritmo." "El sancocho que hizo mi abuela quedó melaza."*

Origen: El término proviene de la melaza, el líquido espeso y dulce derivado de la caña de azúcar. Dado que Puerto Rico tiene una fuerte tradición azucarera, la palabra evolucionó hasta convertirse en una expresión positiva para describir algo sabroso o placentero.

MIJO/MIJA

Significado: Término cariñoso utilizado para referirse a una persona cercana, especialmente en contexto de padres e hijos o entre personas con una relación cercana. Se usan comúnmente para referirse a un niño o joven (mijo) y a una niña o joven (mija), aunque también puede ser utilizado de manera amistosa entre amigos cercanos, sin necesariamente tener una relación de parentesco.

Uso en oración: *"Mija, deja la perreta que ya llegamos." "Ay mijo, yo quisiera llevarte, pero el carro no prende."*

Origen: *Mijo* y *mija* son contracciones de las palabras *hijo* e *hija*, respectivamente, pero con una forma más afectiva. Se usan de manera familiar, más allá del parentesco directo para expresar cariño y cercanía.

MISI

Significado: Forma coloquial y cariñosa para referirse a una maestra, especialmente en el nivel escolar. Es una adaptación del inglés *Miss*, que se usa para dirigirse a las maestras en los países angloparlantes.

Uso en oración: *"Misi, ¿puede ayudarme con este ejercicio?"*

Origen: Deriva del término inglés *Miss*, utilizado para dirigirse a las mujeres, especialmente a las maestras. Con el tiempo, en Puerto Rico y otros países de habla hispana, se adaptó a *misi*, así convirtiéndose en una forma común de referirse a las docentes en las escuelas.

MOCHO

Significado: *Mocho* en Puerto Rico se refiere a una mentira o engaño. La expresión "meter las cabras" también está relacionada con el concepto de *mochos*, ya que hace alusión a contar historias falsas o tratar de manipular la verdad, algo como un truco o engaño.

Uso en oración: *"Siempre está metiendo los mochos para salirse con la suya."*

Origen: La palabra *mocho* proviene de una acepción de "mocho" que en algunos contextos significa "corto" o "incompleto", lo que hace referencia a una historia o declaración que está incompleta o distorcionada, como una mentira o algún invento.

MOLDIO

Significado: Se refiere a una persona que no acepta que otros logren lo que ellos mismos creen que son capaces de hacer. Es alguien que suele sentirse frustrado o celoso cuando alguien más tiene éxito en algo que consideran propio o en lo que creen ser expertos.

Uso en oración: *"Ese tipo es un moldio, no puede ver a nadie ganando sin que se ponga incómodo."*

Origen: El término *moldio* proviene de una forma para describir a alguien que tiene una actitud negativa ante los logros ajenos, asociado a una percepción distorsionada de competencia o comparación constante.

MONGA

Significado: *Monga* es una forma coloquial de referirse a un fuerte resfriado o gripe, caracterizado por congestión, fiebre y malestar general.

Uso en oración: *"Tengo una monga que no me deja levantarme de la cama."*

Nota cultural: En Puerto Rico, es común escuchar la palabra *monga* en el día a día, especialmente en épocas de frío o lluvia, cuando las personas son mas propensas a enfermarse con un resfriado.

MONGO

Significado: Adjetivo que se usa para describir a alguien que es flojo, débil o que carece de energía y entusiasmo. Puede referirse tanto a la falta de fuerza física como a la falta de determinación o carácter. Se usa también para burlarse de alguien que no tiene agilidad o que es torpe en ciertas situaciones.

Uso en oración: *"No seas mongo, métele al ejercicio."*

Nota cultural: El uso de mongo suele ser despectivo o burlón, pero en ocasiones puede emplearse en tono de broma entre amigos.

MOÑO

Significado: Hace referencia a un mechón de cabello recogido, generalmente en la parte superior o trasera de la cabeza. Se le conoce también como "cola de caballo" o "rabo".

Uso en oración: *"Me hice un moño porque hacía mucho calor y no quería sudar."*

Origen: La palabra proviene del latín *monile*, que significa adorno o collar, evolucionando en español hasta referirse a la forma en que el cabello se recoge en un lazo o nudo.

NÉBULA

Significado: En Puerto Rico, el término *nébula* se utiliza para describir una situación o asunto que es incierto, poco confiable o sospechoso. También puede referirse a una persona que actúa de manera ambigua o poco clara.

Uso en oración: *"No me gusta ese negocio; hay mucha nébula en sus operaciones."*

Origen: La palabra *nébula* proviene del latín *nebula*, que significa "niebla" o "nube". En la jerga puertorriqueña esta noción de algo nebuloso o poco claro se trasladó al ámbito coloquial para describir situaciones o personas que generan desconfianza o son poco transparentes.

NÍTIDO

Significado: La palabra *nítido* se usa para describir algo que está en excelente estado, se ve bien o es impresionante. También puede referirse a una persona que está arreglada, elegante o que actúa de manera correcta o positiva.

Uso en oración: *"Ese carro te quedó nítido después de lavarlo." "El plan salió nítido, todo estuvo perfecto."*

Origen: La palabra *nítido* proviene del latín *nitidus*, que significa "brillante" o "resplandeciente". En español estándar, se usa para referirse a algo claro o bien definido, pero en Puerto Rico adquirió un significado más amplio relacionado con la calidad y el estado impecable de algo o alguien.

ÑAQUI

Significado: En Puerto Rico, *ñaqui* se usa para referirse a un pequeño mordisco o pellizco, especialmente cuando se hace de manera juguetona o rápida.

Uso en oración: *"Le di un ñaqui a la empanadilla antes de que se enfriara."*

Origen: La palabra *ñaqui* es una onomatopeya que imita el sonido o la acción de morder o pellizcar de manera leve. Su uso se ha extendido en el habla popular puertorriqueña para describir mordiscos pequeños, generalmente sin intención de hacer daño.

ÑEMO/ÑEMA

Significado: Términos coloquiales utilizados para describir a una persona torpe, inexperta o que no es muy buena en lo que hace. Se usan de manera jocosa o despectiva para señalar a alguien que comete errores.

Uso en oración: *"Ese tipo es tremendo ñemo, no pega una."*

Origen: El origen exacto de *ñemo* no está claramente documentado, pero parece ser una expresión del habla popular puertorriqueña que evolucionaron como sinónimos de torpeza o ineficacia.

Nota cultural: En Puerto Rico, estas palabras se usan comúnmente en conversaciones informales entre amigos o familiares, a menudo en tono burlón pero sin intención de ser ofensivas en un contexto relajado.

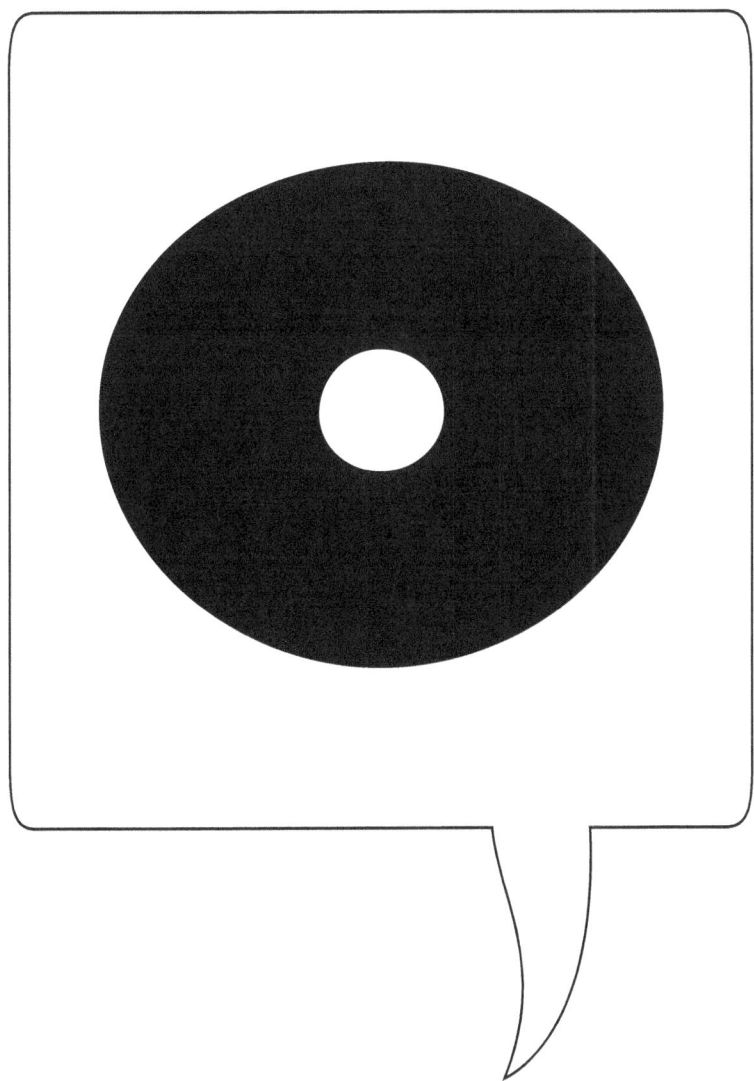

OBLIGAO

Significado: Expresión que se utiliza para expresar certeza o estar de acuerdo con algo. Puede también implicar que algo es inevitable o que no hay otra opción.

Uso en oración: *"Si no estudias, obligao que te vas a colgar en el exámen de mañana."*

Origen: Proviene del verbo "obligado", pero en Puerto Rico y otros países caribeños se pronuncia y se escribe de manera abreviada como "obligao".

ORITA

Significado: Palabra utilizada para referirse a un momento cercano en el tiempo, pero con ambigüedad, ya que puede significar "hace poco" o "dentro de un rato", dependiendo el contexto.

Uso en oración: *"Te llamé orita, pero no contestaste."*

Origen: Proviene de la palabra "ahorita", una forma diminutiva de "ahora" que se usa en distintos países hispanohablantes con significados variables. En Puerto Rico, "orita" se usa sin la "h" y puede indicar pasado o futuro cercano, pero no el presente como en otros países.

Nota cultural: La ambigüedad de "orita" en Puerto Rico puede generar confusión, ya que, dependiendo del tono y el contexto, puede significar algo que ocurrió recientemente o que ocurrirá pronto. Es una expresión muy utilizada en el habla cotidiana.

PACHÓ

Significado: Se refiere a la vergüenza, el bochorno o mal rato que alguien pasa en una situación incómoda o embarazosa. Se usa para describir momentos en los que una persona siente incomodidad o humillación ante las demás personas.

Uso en oración: *"Al nene le da pachó hablar en público, por eso se ve bien sonrojado."*

Nota cultural: El término *pachó* es común en la jerga puertorriqueña y se usa en contextos informales para expresar incomodidad o pena ajena. En la cultura boricua, el sentido del humor y la exageración son características de la comunicación cotidiana.

PALA

Significado: En la jerga puertorriqueña, "pala" se refiere a un contacto o influencia que facilita acceso a oportunidades, favores o beneficios. Usualmente, se usa para describir conexiones dentro de instituciones, trabajos o cualquier situación donde se necesite un "empujón" para lograr algo.

Uso en oración: *"Consiguió el trabajo rápido porque tenía una buena pala dentro de la compañía."*

Origen: El término proviene de la idea de una pala como herramienta que facilita cavas o remover obstáculos. En este contexto, simboliza a una persona con poder o conexiones que allana el camino a otros.

PANAS

Significado: Se utiliza para referirse a amigos cercanos, compañeros de confianza o personas con las que se mantiene una relación de amistad sólida.

Uso en oración: *"Me voy con el pana pal' Yunque a ver las cascadas y darnos unas cuantas birras."*

Origen: Del vocablo venezolano "pana", que proviene de "panadería" o "panadero", usado como jerga para referirse a alguien cercano, como un "pan del mismo horno". Se popularizó en Puerto Rico a través de la influencia de la música y la cultura latina.

PANTALLAS

Significado: En la isla, el término *pantallas* se usa para referirse a los aretes, sin importar su tamaño o diseño.

Uso en oración: *"Me compré unas pantallas nuevas para la fiesta de este sábado."*

Nota cultural: Este uso de *pantallas* es una de las palabras más distintivas del español puertorriqueño. Incluso puede generar confusión entre hablantes de otros países, quienes podrían pensar en una pantalla de televisión o de cine en lugar de aretes. Es un ejemplo de cómo el español boricua ha desarrollado términos únicos que diferencian su léxico del estándar.

PAQUETERO

Significado: Persona que exagera, inventa o alardea sobre cosas que no son ciertas, con el propósito de impresionar a otros o llamar la atención.

Uso en oración: *"No le creas a Luis, ese tipo es un paquetero, siempre anda inventando historias."*

Origen: El término proviene de "paquete", usado en Puerto Rico para referirse a una mentira o exageración. Decir que alguien es un "paquetero" implica que constantemente "empaqueta" historias falsas para hacerlas parecer reales.

PARCELERO

Significado: Se refiere a una persona que vive en una parcela con un estilo de vida sencillo o que proviene de un barrio humilde. En algunos casos, se emplea de manera despectiva para referirse a alguien que habla alto, es brusco o tiene modales considerados pocos refinados.

Uso en oración: *"No seas tan parcelero, baja la voz un poco que todo el mundo te va a escuchar."*

Nota cultural: Ser *parcelero* en Puerto Rico puede tener una connotación de identidad y orgullo, ya que muchas comunidades parceleras fueron construidas con el esfuerzo y la colaboración de sus habitantes. Sin embargo, el término también se ha usado para referirse de manera peyorativa a personas que hablan fuerte o tienen comportamientos considerados poco refinados.

PAREJERO

Significado: Persona que disfruta comparándose con otros, especialmente al presumir de lo que tiene o ha logrado. También se usa para describir a alguien competitivo o que siempre quiere igualar o superar a otras personas.

Uso en oración: *"Ella es bien parejera, siempre tiene que decir que tiene algo mejor."*

Nota cultural: En la isla, ser *parejero* no siempre tiene una connotación negativa, pero suele usarse en tono crítico para señalar a alguien que constantemente busca demostrar que no se queda atrás, ya sea en posesiones materiales o logros personales.

PARI

Significado: Fiesta, celebración o reunión social, generalmente caracterizada por música, baile y diversión entre amigos.

Uso en oración: *"El pari estaba tan encendío que se escuchaba el alboroto y la música desde la calle de atrás."*

Origen: Del inglés "party", adaptado fonéticamente al español boricua. Su uso se popularizó con la influencia cultural estadounidense en Puerto Rico. A diferencia de "fiesta", "pari" suele tener una connotación más informal.

PARQUEAR

Significado: Significa estacionar un vehículo en un lugar específico. Es una adaptación del inglés "park", que se incorporó al habla cotidiana con una conjugación al estilo del español.

Uso en oración: *"Voy a dar una vuelta hasta que encuentre dónde parquear el carro mas cerca de la entrada del mall."*

Nota culutral: El uso de anglicismos en Puerto Rico es común debido a la influencia del inglés en la cultura y el lenguaje de la isla. Palabras como "parquear" han sido adoptadas por generaciones y son ampliamente entendidas en el habla cotidiana, aunque en contextos más formales se prefiere el término "estacionar".

PARRANDA

Significado: Celebración festiva, especialmente durante la época navideña, en la que un grupo de personas visitan casas de amigos y familiares para cantar aguinaldos, tocar instrumentos típicos como el cuatro, el güiro y las maracas, y disfrutar de comida, bebida y compañía.

Uso en oración: *"Anoche nos dieron una parranda y terminamos bailando hasta el amanecer."*

Nota cultural: En Puerto Rico, las parrandas son una tradición navideña muy arraigada, donde la alegría y la música son protagonistas. Los parranderos llegan de sorpresa, entonando villancicos típicos conocidos como aguinaldos. Parte del repertorio incluye canciones como:

"Alegre Vengo", "Dame la Mano, Paloma", "Traigo esta trulla" y "Asómate al Balcón". Los invitados suelen ser recibidos con comida y bebida, como lechón y coquito.

PASME

Significado: Se refiere a una sensación de sorpresa, asombro o desconcierto que deja a una persona sin palabras. Puede ser tanto por una noticia inesperada, una situación impresionante o algo difícil de creer.

Uso en oración: *"Pasé tremendo pasme porque no me acordaba del nombre cuando me saludó."*

Origen: La palabra proviene del verbo *pasmar*, que significa dejar a alguien atónito o paralizado por la sorpresa. En Puerto Rico, el sustantivo pasme se usa para describir el impacto repentino que causa una sorpresa.

PATATÚS

Significado: Se refiere a un desmayo repentino, una impresión fuerte o una reacción exagerada ante una sorpresa, susto o disgusto.

Uso en oración: *"Le dio tremendo patatús cuando se enteró cuanto saldría el arreglo del carro."*

Origen: Proviene del español popular, posiblemente una deformación jocosa de "paratus" o relacionada con expresiones humorísticas para referirse a ataques nerviosos o desmayos.

PATECO

Significado: Surge de la expresión "se lo llevó Pateco" para referirse a una situación en la que algo o alguien desaparece, se pierde o se arruina sin dejar rastro.

Uso en oración: *"Dejé el celular sobre la mesa, pero cuando volví no estaba; pareciera se lo llevó Pateco."*

Origen: El origen de la expresión "se lo llevó Pateco" en Puerto Rico tiene dos posibles raíces. Una teoría sugiere que proviene de un sepulturero llamado Pateco, mencionado en un acta del Ayuntamiento de San Juan tras el huracán San Ciriaco de 1899, quien recogía a los difuntos en la entrada del cementerio. Otra teoría señala que deriva de la frase en latín "Pax Tecum" (la paz esté contigo), utilizada en ceremonias religiosas y que, al popularizarse en Caguas, se convirtió en "Pateco", asociado con el ángel que lleva las almas al cielo.

PAVA

Significado: Un sombrero de ala ancha hecho de paja, tradicionalmente asociado con el campo y la agricultura.

Uso en oración: *"Mi abuelo siempre usaba una pava cuando trabajaba bajo el sol."*

Origen: La pava tiene su origen en el vestuario tradicional campesino y se popularizó en el contexto político puertorriqueño a través del Partido Popular Democrático, que adoptó la imagen de una pava campesina como símbolo de su conexión con el pueblo trabajador.

Nota cultural: Este sombrero es un emblema de la vida rural en Puerto Rico y un símbolo de identidad cultural, que evoca las raíces agrícolas de la isla y su tradición de trabajo duro en el campo.

PAVERA

Significado: Risa incontrolable y contagiosa, generalmente en grupo y sin una razón aparente o por algo que no es tan gracioso fuera del contexto.

Uso en oración: *"Nos dio una pavera en medio de la clase y nos metimos en problemas con la misi."*

Origen: Proviene del término "pavo", que en algunas regiones de habla hispana se asocia con la torpeza o la risa tonta. Se cree que "pavera" surge como una forma coloquial para describir episodios de risa descontrolada.

PELAO

Significado: Adjetivo que describe a alguien que no tiene dinero o está en una situación económica difícil.

Uso en oración: *"No puedo salir este fin de semana porque estoy mas pelao que un chucho."*

Nota cultural: En Puerto Rico, existe el refrán *"más pelao que un chucho"*, que se usa para enfatizar que alguien está completamente sin dinero. Este dicho es una forma humorística de describir la falta de recursos económicos, reflejando el ingenio del habla popular boricua.

PERREO

Significado: Estilo de baile asociado al reguetón, caracterizado por movimientos sensuales y rítmicos de caderas, generalmente bailado en pareja, aunque también de manera individual.

Uso en oración: *"Anoche en la fiesta pusieron reguetón viejo y se formó un perreo intenso hasta la madrugada."*

Nota cultural: El perreo es más que un baile; es una expresión de la cultura urbana puertorriqueña y del Caribe. Ha evolucionado con el tiempo, y aunque en sus inicios fue controversial por su estilo provocativo, hoy es un símbolo de identidad en la música latina. Desde los clubes nocturnos hasta los escenarios internacionales, el perreo sigue siendo una parte esencial del reguetón y de la cultura juvenil boricua.

PERSE

Significado: En Puerto Rico, "perse" se refiere a una persona que está nerviosa, ansiosa o actuando de manera sospechosa, como si tuviera algo que ocultar.

Uso en oración: *"Tiene perse de que se referían a ella en el email que enviaron a todos en el trabajo."*

Nota cultural: El uso de "perse" en Puerto Rico refleja la creatividad del español caribeño al modificar palabras y darles nuevos sentidos. En contextos urbanos e informales, se usa para describir a alguien inquieto o actuando con cautela extrema.

PESCAO

Significado: Expresión popular utilizada para acusar a alguien de estar diciendo una mentira o exageración.

Uso en oración: *"Mira pescao, yo no nací ayer."*

Origen: La expresión proviene de la frase completa "*¡Eso es pescao vendío!*", que sugiere algo que ya es conocido o que no tiene sentido, como el pescado vendido que ya no se puede reclamar.

PICHEAR

Significado: Ignorar o hacer caso omiso de algo o alguien, ya sea intencionalmente o por falta de interés, desinterés o conveniencia.

Uso en oración: *"Le escribí a mi amiga, pero me lleva picheando desde hace dos días."*

Origen: La palabra proviene del término en inglés *pitch* relacionado con el béisbol, donde el lanzador (*pitcher*) lanza la bola con el propósito de que el bateador no pueda golpearla con el bate. En Puerto Rico, pichear adquirió el significado de ignorar, dejar pasar o no prestar atención a una situación o persona.

Nota cultural: En Puerto Rico, pichear es una expresión común en conversaciones cotidianas, especialmente entre jóvenes. Se usa para referirse a no prestar atención a mensajes, comentarios o situaciones, y también puede aplicarse a evitar conflictos o responsabilidades.

PICÚA

Significado: Adjetivo que describe a una persona coqueta, segura de sí misma y con una actitud de confianza que resalta en su manera de hablar o comportarse. También puede referirse a alguien que disfruta llamar la atención con su estilo o personalidad.

Uso en oración: *"Esa nena es bien picúa, le encanta ser el centro de atención."*

Nota cultural: Ser "picúa" en Puerto Rico no necesariamente tiene una connotación negativa. Es una expresión utilizada en un tono ligero y coloquial para describir a alguien que sabe que se ve bien y lo proyecta con confianza.

PITORRO

Significado: Licor artesanal, generalmente a base de caña de azúcar, producido de manera casera y con un alto contenido de alcohol. Suele prepararse en épocas navideñas y se le añaden ingredientes como frutas, coco, canela o anís para darle sabor.

Uso en oración: *"En la fiesta había una botella de pitorro con sabor a tamarindo que estaba bien fuerte."*

Origen: La producción de *pitorro* en Puerto Rico tiene raíces en la época colonial, cuando los agricultores destilaban la caña de azúcar para crear aguardiente. Su nombre podría derivar de la palabra "pito", por el sonido que hace al abrirse una botella sellada de manera rústica.

POMPEAO

Significado: Adjetivo que describe estar emocionado, entusiasmado o lleno de alegría por algo que se espera con ansias o que genera mucha ilusión.

Uso en oración: *"Estoy bien pompeao por el concierto de esta noche."*

Origen: Proviene del verbo "bombear" (del inglés *pump*), haciendo alusión a alguien que siente su energía "bombear", como si el entusiasmo lo impulsara. Esta palabra refleja el carácter enérgico y alegre de los boricuas al describir un evento social importante, fiestas, logros personales o como disfrutan el momento.

PON

Significado: Expresión utilizada en Puerto Rico para referirse a un aventón o que alguien te lleve en su vehículo de manera gratuita. Se usa en contextos informales cuando una persona necesita transporte y alguien más le ofrece llevarla.

Uso en oración: *"¿Me puedes dar pon para la universidad?"*

Nota cultural: El término "coger pon" es de uso común en la isla, donde la cultura del compartir transporte entre amigos, familiares e incluso desconocidos es bastante frecuente. En Puerto Rico, debido a la limitada infraestructura de transporte público en muchas áreas, pedir o dar "pon" es una práctica cotidiana, especialmente entre estudiantes y trabajadores.

PONCHAR

Significado: En Puerto Rico esta palabra tiene varios significados. En béisbol, se refiere a cuando se elimina un bateador tras fallar tres intentos de golpear la pelota. En el ámbito laboral, significa registrar la hora de entrada o salida en una máquina de control. En el contexto romántico se conoce como besar a la pareja.

Uso en oración: *"El lanzador ponchó a tres jugadores en la última entrada." "No olvides ponchar tu tarjeta al llegar." "Anoche lo vieron ponchando con su novia en la fiesta."*

Origen: Proviene del inglés *punch*, que significa perforar o marcar, aplicando inicialmente al ámbito laboral. Su adaptación a otros contextos, como el béisbol o las relaciones románticas, refleja el ingenio del habla boricua.

POPOF

Significado: En Puerto Rico, "popof" se usa para describir a alguien que es refinado, de gustos sofisticados o que aparenta ser de clase alta. A menudo, tiene una connotación jocosa o irónica, implicando que la persona intenta demostrar un estatus superior al que tiene.

Uso en oración: *"A ese mujer se cree muy popof."*

Origen: Se cree que la palabra proviene de la onomatopeya "poof" en inglés, que representa algo elegante, súbito o sofisticado. También puede estar influenciada por el francés "popoff", que sugiere algo exclusivo o aristocrático.

PRÁNGANA

Significado: Estado de pobreza, escasez o falta de recursos materiales. También puede referirse a la sensación de quedarse sin dinero.

Uso en oración: *"Después de pagar todas las cuentas, nos quedamos en la prángana."*

Nota cultural: En Puerto Rico, la expresión "estamos en la prángana" es una forma humorística de admitir que se está sin dinero. Se usa en conversaciones informales, especialmente entre amigos y conocidos.

PRESENTAO

Significado: Adjetivo que se utiliza para describir a una persona entrometida, que se mete en asuntos ajenos sin ser invitada o que busca atención excesiva en situaciones donde no le corresponde.

Uso en oración: *"La tía de tu esposo es bien presentá, siempre se mete en conversaciones ajenas."*

Origen: Proviene del español "presentado", que en su forma original significa alguien que se he hecho notar.

Nota cultural: En la cultura puertorriqueña, ser "presentao" puede considerarse un rasgo molesto o gracioso, dependiendo del contexto y la personalidad de la persona. En entornos de confianza, puede usarse en tono de burla o cariño, pero en otros casos, puede interpretarse como una actitud invasiva o imprudente.

PRINTEAR

Significado: Adaptación de la palabra en inglés *print*, que significa imprimir un documento o imagen en papel mediante una impresora.

Uso en oración: *"Tengo que printear el informe para hoy."*

Nota cultural: En Puerto Rico, el uso de anglicismos es frecuente, especialmente en contextos tecnológicos y laborales. Aunque en otros países hispanohablantes se usa el término *imprimir*, *printear* es ampliamente entendido y utilizado en la isla, reflejando el bilingüismo característico de muchos puertorriqueños.

PUERTORRO

Significado: Manera coloquial y cariñosa de referirse a Puerto Rico. Se usa con orgullo para enfatizar la identidad boricua de manera desenfadada.

Uso en oración: *"Me encanta viajar y descubrir lugares nuevos, pero nada como mi Puertorro."*

Origen: Es una modificación de "Puerto Rico", con un tono más informal y festivo. Su uso se popularizó en el habla cotidiana, especialmente en la música urbana y en diálogos entre puertorriqueños.

Nota cultural: Este término refleja el orgullo y la pasión que sienten los boricuas por su tierra. Es común escucharlo en canciones de reguetón y en la jerga diaria de los puertorriqueños, tanto dentro como fuera de la isla.

Aunque puede sonar jocoso o exagerado, su uso es casi siempre positivo y lleno de cariño por la cultura boricua.

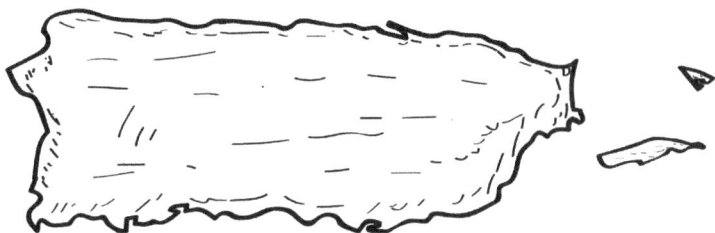

PUGILATO

Significado: En Puerto Rico, *pugilato* no solo se refiere a una discusión intensa o enfrentamiento verbal, sino que también puede describir una indecisión, un conflicto interno o una situación problemática. Además, puede usarse para hablar de una discordia, enojo o incluso de un enredo o fastidio que cause molestia.

Uso en oración: *"Estoy en un pugilato porque no sé si aceptar el nuevo trabajo o quedarme donde estoy." "Cuando hablan de herencias en esa familia, se forma un pugilato."*

Origen: Proviene del latín *pugilatus*, que hace referencia al arte del combate con los puños, practicado en la Antigua Roma y Grecia. De este término deriva *púgil*, que significa boxeador. Con el tiempo, el significado de la palabra se amplió mas allá de las peleas físicas para incluir disputas verbales, conflictos de opinión y dificultades en la toma de decisiones.

QUENEPA

Significado: Fruta tropical pequeña y redonda de color verde con pulpa anaranjada y semilla grande. Es muy popular en Puerto Rico, especialmente en verano, y se vende frecuentemente en carreteras y mercados.

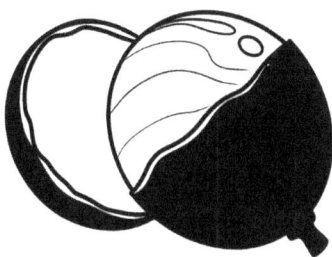

Uso en oración: *"Nada mejor que comer quenepas frescas en la playa durante el verano."*

Nota cultural: Las quenepas son parte de la cultura gastronómica puertorriqueña y caribeña. En Puerto Rico se asocian con la nostalgia y la infancia, ya que muchas personas recuerdan haberlas recogido directamente de los árboles o comprado en pequeños negocios locales.

QUITA'O

Significado: Se usa para describir algo que es muy fácil de lograr, sin esfuerzo o sin competencia. También desbribe a alguien que se ha removido o eliminado.

Uso en oración: *"Ese exámen fue un quita'o, saqué A sin estudiar." "Empezó a correr y al minuto ya estaba quita'o."*

Nota cultural: El término es una forma reducida de *quitado*, reflejando la tendencia del español puertorriqueño a omitir la letra "d"en palabras que terminan en -*ado*.

RAITRÚ

Significado: Expresión que se utiliza en la isla para afirmar con convicción la veracidad de un hecho o asegurar firmemente que algo es cierto. Es una forma de juramentar o prometer de que lo dicho es verdadero.

Uso en oración: *"Raitrú que no fui yo quien rompió el plato."*

Origen: La expresión proviene del inglés *right true*, que literalmente significa "ciertamente verdadero" o "totalmente cierto". Con la fuerte influencia del idioma inglés en Puerto Rico, muchas frases y palabras han sido adaptadas fonéticamente al español de la isla.

RAJIERO

Significado: Término utilizado para referirse a un ratón pequeño o roedor. Se emplea de manera coloquial para describir a estos animales que suelen encontrarse en áreas urbanas y rurales, especialmente en lugares con acumulación de alimentos o basura.

Uso en oración: *"Se nos metió un rajiero en la cocina y logramos atraparlo cuando cayó en el zafacón."*

Nota cultural: El uso de la palabra *rajiero* en Puerto Rico está relacionado con la manera en que los hablantes del español caribeño adaptan términos para describir su entorno cotidiano. Aunque el término no es ampliamente reconocido fuera de la isla, su uso es común, especialmente en zonas donde la presencia de estos pequeños roedores es frecuente.

RANCHO

Significado: En Puerto Rico, *rancho* puede referirse a una estructura improvisada o mal construida, generalmente hecha con materiales reciclados o de baja calidad. También se usa para describir un truco, trampa o solución temporal a un problema.

Uso en oración: *"El techo se estaba cayendo y le hicimos un rancho con unas tablas y zinc." "Para no pagar la multa, hicieron un rancho con la inspección del carro."*

Nota cultural: En la isla, hacer un *rancho* puede ser visto como un acto de ingenio para resolver problemas con recursos limitados, pero también puede tener una connotación negativa cuando se refiere a engaños o chapuzas de baja calidad. La expresión es común en conversaciones sobre construcciones informales, mecánica y hasta situaciones en las que alguien intenta evadir normas con soluciones poco ortodoxas.

RANQUEADO

Significado: Adjetivo que describe a alguien que goza de gran reconocimiento, prestigio o respeto en un ámbito específico. Puede referirse a una persona influyente, talentosa o con estatus dentro de un grupo social, profesional o en la calle.

Uso en oración: *"Él cantante está bien ranqueado en la música urbana."*

Origen: Proviene del inglés *ranked*, que significa clasificado o posicionado en un nivel alto dentro de una jerarquía. En Puerto Rico, el término se ha adaptado a la jerga popular para referirse a personas con estatus o reconocimiento en diferentes contextos.

REBULERO

Significado: Se usa para describir a una persona que constantemente causa problemas, desorden o conflictos. Puede referirse a alguien que disfruta del chisme, la controversia o el alboroto, ya sea en un grupo social, en el trabajo o en la comunidad.

Uso en oración: *"No le hagas caso a Pancho, él siempre anda de rebulero metiendo cizaña a donde quiera que va."*

Nota cultural: Ser rebulero no siempre tiene una connotación completamente negativa. En algunos contextos puede describir a alguien extrovertido que simplemente le gusta la diversión y el alboroto, como en fiestas o reuniones.

REPELILLO

Significado: En Puerto Rico, *repelillo* se refiere a una sensación de repugnancia, asco o incomodidad extrema ante algo desagradable. Puede usarse para describir tanto una reacción física (como al ver algo sucio o asqueroso) como una reacción emocional (cuando algo causa molestia o rechazo).

Uso en oración: *"Ese tipo de gente me da repelillo, siempre andan con malas intenciones."*

Origen: La palabra *repelillo* proviene de *repeler*, que significa rechazar o causar desagrado. Su uso en Puerto Rico refuerza la idea de algo que provoca una reacción negativa inmediata, similar al término asco o fobia.

REVENTÁ

Significado: En la isla, reventá se usa para referirse a una caída fuerte o aparatosa, generalmente acompañada de un golpe significativo. Puede aplicarse tanto a personas como a objetos que han caído de manera estrepitosa, abrupta y ruidosa.

Uso en oración: *"Corría bicicleta con mi esposo y en una que perdí el balance caí reventá en la calle."*

Nota cultural: En Puerto Rico, *reventá* es una expresión muy común para describir caídas llamativas, a menudo de tono humorístico. Es frecuente escucharla en conversaciones cotidianas entre amigos cuando alguien sufre un tropiezo espectacular.

REVOLÚ

Significado: Se refiere a un desorden, caos o situación caótica. Puede describir tanto un problema confuso como un lugar desorganizado o un alboroto causado por muchas personas.

Uso en oración: *"Se formó tremendo revolú en la oficina cuando botaron a unos cuantos a la vez."*

Origen: La palabra *revolú* proviene de la adaptación boricua del término *revolute*, una deformación del inglés *revolution*, pero sin la connotación política. En el español puertorriqueño, se ha transformado para significar desorden y confusión, reflejando la creatividad lingüística y la influencia del inglés en la isla. Es una de las expresiones más utilizadas en el habla cotidiana.

RISCO

Significado: En Puerto Rico, la palabra risco se refiere a un peñasco o precipicio alto y escarpado, generalmente asociado con áreas montañosas o costeras.

Uso en oración: *"Para llegar a la cueva, tuvimos que escalar un risco bien empinado."*

Nota cultural: Los riscos son parte del paisaje natural de Puerto Rico, presentes en áreas como el Cañon de San Cristóbal o los acantilados de la costa norte.

SAJORÍ

Significado: Adjetivo que se usa para describir a un niño inquieto, travieso o hiperactivo que no puede quedarse quieto y siempre está haciendo travesuras.

Uso en oración: *"Cuando éramos pequeños, mi hermano era un sajorí; lo castigaban a cada rato."*

Nota cultural: Es un término usado en contextos familiares o informales para describir el comportamiento de los niños que parecen tener una energía inagotable. Aunque no es un insulto, puede usarse de manera juguetona o con un tono de ligera frustración por parte de padres y adultos que intentan controlar a un niño demasiado activo.

SALAERA

Significado: Se refiere a la mala suerte o una racha de eventos desafortunados. Se usa comúnmente para describir situaciones en las que alguien parece estar "salado", es decir, con energía negativa que le impide tener éxito o le causa problemas constantes.

Uso en oración: *"Llevo días con una salaera encima."*

Nota cultural: En la cultura puertorriqueña, la *salaera* es casi un concepto místico. Muchas personas creen en la necesidad de "limpiarse" de mala suerte con rituales caseros como baños con agua y sal, prender velas, o incluso evitar ciertas acciones que pueden atraer más negatividad o desfortúnio.

SANSE

Significado: Abreviatura de *Fiestas de la Calle San Sebastián*, una de las celebraciones más importantes y emblemáticas de Puerto Rico, que marca el cierre de la temporada navideña con música, comparsas, artesanías y festividades en el Viejo San Juan.

Uso en oración: *"Este año no me pierdo la Sanse, siempre es un fiestón increíble y las artesanías son bien chéveres."*

Origen: Las Fiestas de la Calle San Sebastián comenzaron en la década de 1950, pero fue a los años 70 cuando adquirieron su formato actual, convirtiéndose en una de las festividades más esperadas del año en Puerto Rico. Su nombre proviene de la calle San Sebastián en el Viejo San Juan, donde se celebran los eventos principales.

SAOKO

Significado: En Puerto Rico, *saoko* es una expresión utilizada para describir energía, sabor, ritmo y un estilo llamativo, especialmente en la música y el baile.

Uso en oración: *"Ese cantante tiene un saoko brutal en el escenario; la gente no para de bailar cuando se presenta."*

Origen: El término proviene de la cultura afrolatina y ha sido ampliamente utilizado en la música caribeña, especialmente en el género de la salsa. Se popularizó aún más con el uso en el reguetón y la música urbana, siendo retomado en canciones recientes como *Saoko* de Rosalía, que rinde homenaje a la energía y esencia del reguetón.

SATO

Significado: En Puerto Rico, se usa para describir a un perro de raza mixta, generalmente callejero o sin hogar.

Uso en oración: *"Adopté un sato de un refugio y es el perro más leal del mundo."*

Nota cultural: En la isla, hay muchas iniciativas de rescate y adopción de perros satos debido a la alta población de animales abandonados (algunas reconocidas son *The Sato Project* y *Save a Sato)*. Este término además puede usarse de forma cariñosa o despectiva dependiendo del contexto, como en expresiones coloquiales para describir algo de apariencia poco refinada.

SERENO

Significado: En Puerto Rico, *sereno* se refiere a una llovizna ligera y pasajera que ocurre mientras el sol sigue brillando. Es un fenómeno climático común en el Caribe, donde las lluvias breves pueden aparecer repentinamente incluso en días despejados.

Uso en oración: *"No te preocupes por el sereno, en cinco minutos vuelve a salir el sol."*

Origen: La palabra *sereno* proviene del latín *serenus*, que significa "tranquilo" o "claro". En muchos países hispanohablantes, *sereno* se usa para describir el aire fresco de la noche o la madrugada, pero en Puerto Rico y otras partes del Caribe ha adquirido un significado particular relacionado con la llovizna bajo el sol.

SICOTE

Significado: Mal olor fuerte y penetrante que se acumula en los pies, especialmente cuando alguien ha sudado mucho o ha usado zapatos cerrados por largos períodos sin mucha ventilación.

Uso en oración: *"Te apestan los pies a sicote, ¡fúchila!"*

Nota cultural: En Puerto Rico, decir que alguien tiene olor a *sicote* es una manera directa y a veces jocosa de señalar que necesita asearse.

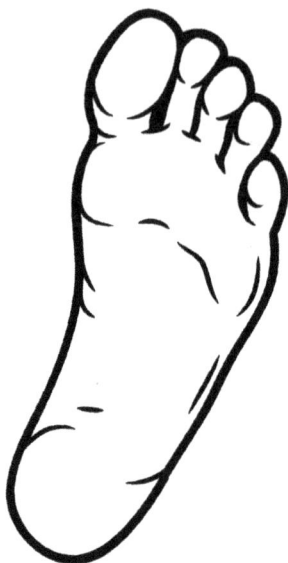

SINSORAS

Significado: Expresión que se utiliza para referirse a un lugar lejano, desconocido o de ubicación imprecisa, generalmente con la intención de enfatizar que es difícil de alcanzar o está fuera del alcance habitual. Puede usarse de manera exagerada para indicar que algo está en un sitio remoto o inaccesible.

Uso en oración: *"Fuimos a visitar a la prima de mi novia, pero resulta que vive en las sinsoras."*

Nota cultural: *Sinsoras* es una expresión común para describir un destino distante o poco familiar. Se emplea tanto en conversaciones informales como en contextos humorísticos para exagerar lo lejos o inaccesible que resulta un sitio, a veces con la intención de evitar ir a dicho lugar.

SIQUITRAQUE

Significado: Objeto o artefacto que produce un sonido fuerte, seco y estridente, como los petardos o explosivos de pólvora usados en celebraciones. También se emplea de manera figurada para describir algo que es fuerte.

Uso en oración: *"Estaba tan molesto que estaba que explotaba como un siquitraque."*

Nota cultural: En la isla, los *siquitraques* son comunes durante las festividades, especialmente en la Navidad y la despedida de año, cuando la gente quema petardos y pirotecnia como fuegos artificiales.

SOBACO

Significado: Término coloquial vulgar que se usa para referirse a la axila, la parte del cuerpo ubicada en la unión del brazo con el torso.

Uso en oración: *"Después de correr, tenía el sobaco empapado de sudor."*

Origen: La palabra *sobaco* proviene del latín *subbrachium*, que significa "debajo del brazo". Aunque *axila* es el término más formal, *sobaco* es ampliamente usado en el habla cotidiana.

SOPAPO

Significado: Golpe fuerte, usualmente dado con la mano abierta en la cara o cabeza de alguien. También puede referirse a un impacto repentino y contundente.

Uso en oración: *"Le dieron un sopapo por carifresco."*

Origen: Proviene del español antiguo y significa golpe duro. Su uso en la isla se mantiene en el sentido original.

Nota cultural: En Puerto Rico, la palabra *sopapo* se usa para describir un golpe fuerte, ya sea en una pelea, como castigo o incluso de manera figurativa para referirse a una situación impactante. Aunque no es tan común en el habla cotidiana como otras expresiones similares, sigue siendo entendida en diferentes contextos.

SOPETÓN

Significado: Se refiere a un golpe fuerte y repentino, generalmente inesperado. Puede usarse también figuradamente para describir una sorpresa brusca o una situación que ocurre sin previo aviso.

Uso en oración: *"Resbalé en la acera y caí de sopetón." "Me dieron la noticia de sopetón y no supe como reaccionar."*

Nota cultural: En el habla puertorriqueña, *sopetón* es una palabra común en expresiones populares y en el habla cotidiana. Es frecuente escuchar a los mayores decir frases como "Me llegó de sopetón" para referirse a noticias o eventos inesperados.

SOPLAPOTE

Significado: Término despectivo que en Puerto Rico es usado para referirse a alguien que constantemente busca quedar bien con los demás, especialmente con figuras de autoridad, de manera interesada o servil.

Uso en oración: *"Ese tipo es un soplapote, siempre está halagando al jefe para que le de un aumento de sueldo."*

Origen: Esta palabra parece derivar de la combinación de *soplar* y *pote* (envase), aunque su origen exacto no está completamente documentado. Su uso figurado sugiere la idea de alguien que "sopla" o alaba sin cesar a otros con un propósito interesado.

SORBETO

Significado: Palabra utilizada para referirse al tubo delgado, generalmente de plástico o papel, que se usa para sorber líquidos de un vaso o envase.

Uso en oración: *"Pidió un refresco, pero se lo dieron sin sorbeto."*

Origen: El término proviene de *sorber*, que significa absorber un líquido haciendo succión con los labios. En otros países hispanohablantes, este objeto es mejor conocido como *pajilla* (Costa Rica), *popote* (México y Guatemala), *cañita* (Argentina, España y Uruguay) o *pitillo* (Colombia y Venezuela).

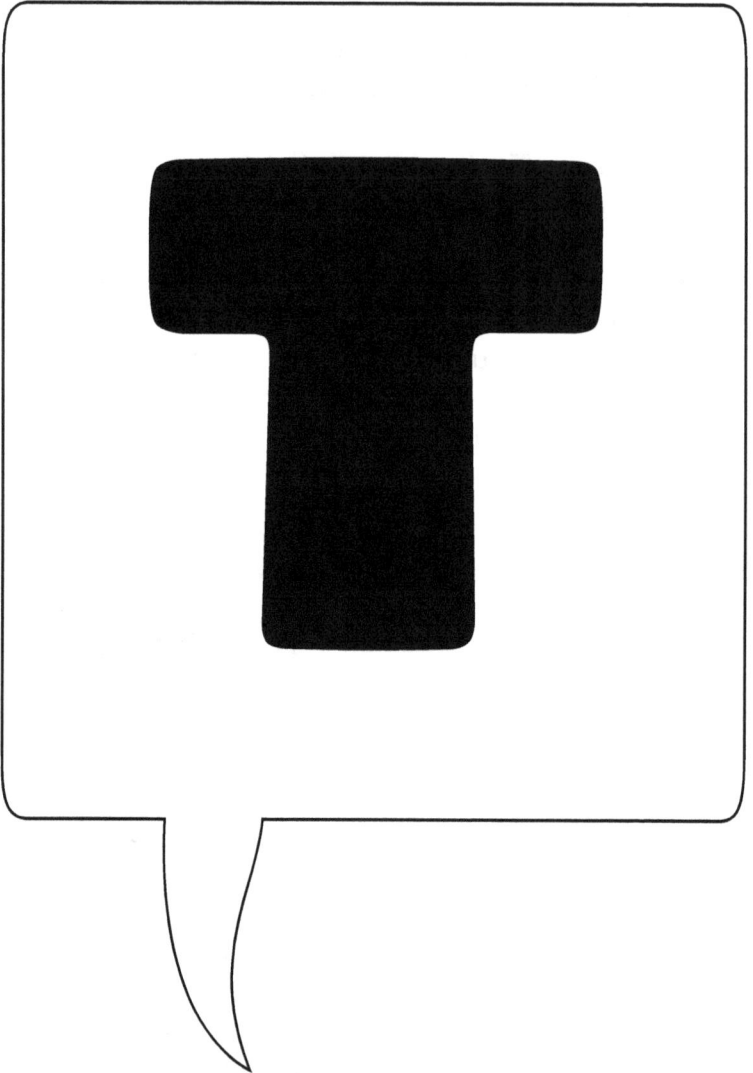

TAJO

Significado: Esta palabra tiene múltiples significados en Puerto Rico. Puede referirse a una persona que obtiene algo de manera inesperada o sin esfuerzo, especialmente una ganancia de dinero. También se usa para describir un pequeño golpe, herida o abertura en la piel.

Uso en oración: *"Miguel dio tremendo tajo al apostar por el caballo que terminó ganando la carrera." "Me di un tajo con el papel y ahora me arde el dedo."*

Nota cultural: En Puerto Rico, la expresión "tener un tajo" suele emplearse para describir a alguien con suerte en situaciones donde recibe algo sin haberlo buscado activamente. También se usa con frecuencia en conversaciones cotidianas para referirse a heridas menores, como cortes con papel o raspones accidentales.

TAPÓN

Significado: En Puerto Rico, *tapón* tiene tres significados principales. Se usa para referirse a un tráfico vehicular denso y congestionado, donde los autos avanzan lentamente o están detenidos. También puede describir una obstrucción o acumulación que impide el flujo normal de algo. Además, de manera coloquial, se emplea para referirse a una persona de baja estatura.

Uso en oración: *"Llegué tarde al trabajo porque había zendo tapón en la autopista." "Ese fregadero tiene un tapón de comida y no drena bien." "Juan es un tapón, pero corre rapidísimo en la cancha."*

Origen: Deriva del español estándar, donde tapón significa algo que bloquea una abertura. En Puerto Rico, el término se popularizó para describir el tráfico pesado y se extendió a otras áreas, incluyendo la descripción de personas de baja estatura, en alusión a su corto tamaño.

TECATO

Significado: En Puerto Rico, además de referirse a una persona adicta a sustancias controladas, este término también se usa coloquialmente para describir algo de mala calidad, descuidado o en mal estado.

Uso en oración: *"Ese reloj se ve bien tecato, la pulsera está hecha en plástico y parece que se va a romper muy rápido."*

Nota cultural: En la jerga puertorriqueña, *tecato* tiene una connotación negativa cuando se usa para referirse a cosas o situaciones. Se emplea para enfatizar que algo es de poca calidad o está en malas condiciones, siendo común en contextos informales y entre jóvenes.

TEJEMENEJE

Significado: Hace referencia a una serie de acciones, maniobras o enredos que pueden ser confusos o de dudosa procedencia, generalmente con la intención de obtener un beneficio o manejar una situación de manera poco transparente.

Uso en oración: *"No sé que tejemeneje hicieron, pero lograron conseguir esos boletos agotados."*

Origen: La palabra proviene del español antiguo y está relacionada con el verbo de *tejer*, que implica entrelazar hilos para formar una trama, y *maneje*, que denota manipulación o manejo. Juntas, ambas palabras sugieren una acción enredada o complicada.

TEMBOL

Significado: En Puerto Rico, *tembol* se usa para referirse a un tiempo fuera (timeout) en juegos o actividades, especialmente entre niños. Se emplea para pedir pausa momentánea, ya sea para descansar, reorganizarse o aclarar reglas.

Uso en oración: *"¡Tembol! Necesito amarrarme el tenis."*

Origen: La palabra *tembol* proviene de la adaptación fonética del inglés *time out*, reflejando la influencia del bilingüismo en la isla. Su uso es común en juegos infantiles y en el habla cotidiana para pedir un respiro en medio de una actividad.

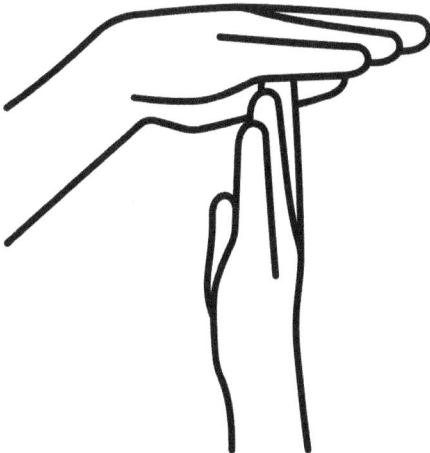

TEREQUE

Significado: Se refiere a un objeto viejo, dañado o en mal estado. También puede usarse para describir un cúmulo de cosas sin mucho valor o utilidad, similares a cachivaches o trastos.

Uso en oración: *"Mi abuelo guarda un montón de tereques en el garage, dice que algún día les va a conseguir uso."*

Nota cultural: En muchas casas puertorriqueñas, es común encontrar espacios llenos de *tereques*, ya que algunas personas prefieren guardar cosas por si llegan a necesitarlas en un futuro.

TINTEAO

Significado: Se refiere a un automóvil con los cristales oscuros debido a la aplicación de tintes o películas polarizadas. En algunos contextos, también puede implicar que el vehículo tiene un estilo llamativo o de cierta apariencia misteriosa.

Uso en oración: *"Ese carro está bien tinteao, no se ve nada para adentro."*

Nota cultural: Los carros *tinteaos* son muy comunes en Puerto Rico, ya sea por estética, privacidad o protección contra el sol. Sin embargo, existen regulaciones sobre el nivel de opacidad permitido en los cristales, ya que un exceso puede representar un problema de seguridad para la visibilidad del conductor y la identificación dentro de este vehículo.

TIPO

Significado: En Puerto Rico, *tipo* o *tipa* es una manera informal de referirse a una persona, sin connotaciones específicas de edad, clase o personalidad. Puede utilizarse de forma neutra o despectiva dependiendo del contexto.

Uso en oración: *"¿Quién es el tipo que está hablando con la vecina de tu mamá?"*

Nota cultural: En el habla cotidiana puertorriqueña, *tipo* o *tipa* es un término común para referirse a alguien sin necesidad de usar su nombre. En algunos casos, puede emplearse con cierto desdén o indiferencia.

TIRAERA

Significado: Enfrentamiento verbal o ataque dirigido a otra persona, especialmente en el ámbito musical o en discusiones informales. Se caracteriza por críticas, insultos o burlas, generalmente con un tono desafiante.

Uso en oración: *"La nueva canción del reguetonero es una tiraera directa para su rival."*

Nota cultural: La *tiraera* es un elemento clave en la cultura del reguetón y el rap en Puerto Rico. Grandes exponentes del género han protagonizado históricas disputas musicales a través de canciones de tiraera, donde se demuestran su habilidad lírica y responden a provocaciones de otros artistas. Fuera del ámbito musical, también se usa en conversaciones cotidianas para referirse a discusiones o indirectas entre personas.

TOSTAO

Significado: Persona que actúa de manera extraña, fuera de lo común o que parece estar en estado de locura o distracción. También puede referirse a alguien que está agotado o abrumado mentalmente.

Uso en oración: *"Está bien tostao, siempre dice cosas que no tienen sentido."*

Origen: Proviene de la acción de tostar, que implica quemar o secar algo con calor. En este contexto, se asocia con la idea de que la mente de alguien está "quemada" o alterada, lo que explica su comportamiento inusual.

TOSTÓN

Significado: En la isla, esta palabra tiene dos significados principales. Se refiere a una rodaja de plátano verde frita y aplastada, un alimento muy popular en la gastronomía puertorriqueña. También se usa informalmente para describir una situación difícil, complicada o pesada.

Uso en oración: *"Acompañé el arroz y las habichuelas con unos tostones bien crujientes." "Están metidos en tremendo tostón con la compra complicada de esa casa."*

Nota cultural: Los tostones son un acompañamiento clásico en la cocina puertorriqueña y caribeña, servidos con ajo, mayoketchup o como base para otros platos. La acepción figurada es común en el habla cotidiana para expresar que algo es tedioso o complicado.

TRÁFALA

Significado: Persona de aspecto descuidado, desaliñado o poco confiable, que suele actuar de manera irresponsable, astuta o con engaños.

Uso en oración: *"No confíes en ese tipo, se ve medio tráfala."*

Nota cultural: En Puerto Rico, *tráfala* es una palabra que suele usarse de manera despectiva para describir a alguien que no inspira confianza, ya sea por su manera de vestir, actuar o por su historial de comportamiento.

TRANCAZO

Significado: En Puerto Rico, *trancazo* puede referirse a un golpe fuerte, ya sea físico o figurado, como una mala noticia o un golpe de suerte.

Uso en oración: *"Me resbalé y me di tremendo trancazo en la rodilla."*

Origen: Proviene del verbo *trancar*, que significa cerrar con fuerza o bloquear algo. El sufijo -azo enfatiza la acción, indicando un golpe fuerte o un impacto notable o una gran obstrucción.

TRAQUETERO

Significado: Describe a una persona que se dedica a actividades ilícitas o negocios turbios. Puede también referirse a alguien que negocia de manera astuta y con artimañas para obtener beneficios.

Uso en oración: *"Tito siempre anda con mucho dinero, dicen que es un traquetero."*

Nota cultural: Este término se asocia comúnmente con la cultura callejera y el reguetón, donde se menciona en canciones para describir a personas envueltas en negocios informales. Aunque suele tener una connotación negativa, en algunas contextos se usa para referirse a alguien astuto o con mucha habilidad para negociar y moverse en distintos ambientes.

TRASTADA

Significado: Acción malintencionada, desde bromas pesadas hasta un acto de desobediencia, mal comportamiento o traición.

Uso en oración: *"Le hicieron una trastada tan fea que se tuvo que ir del pueblo." "El nene hizo una trastada en la escuela y ahora tiene que quedarse castigado."*

Origen: Proviene del español y es utilizada en varios países hispanohablantes con un significado similar. En Puerto Rico, suele emplearse en un tono informal para referirse a travesuras, especialmente aquellas que causan problemas o grandes molestias.

Variantes creativas: En Puerto Rico, esta acción también se le puede conocer como un "trambo", una deformación de la palabra *trampa*.

TRIPEO

Significado: Diversión, relajo o burla en tono jocoso. Se usa para referirse a momentos de entretenimiento o situaciones en las que se toma algo con humor. Se utiliza también para burlarse de alguien de manera ligera y sin mala intención.

Uso en oración: *"No te molestes, es solo un tripeo, estamos relajando contigo."*

Origen: Derivado del inglés *trip*, que en el argot anglosajón se usa para describir experiencias divertidas o alucinantes. En Puerto Rico, *tripeo* adquirió el significado de diversión desenfrenada o burla relajada.

Nota cultural: En la jerga puertorriqueña, el *tripeo* es esencial de la cultura juvenil y de la camaradería entre amigos. Puede referirse tanto a una salida nocturna llena de risas como a una conversación en la que se relajan unos a los otros.

TRULLA

Significado: En Puerto Rico, *trulla* se refiere a una parranda navideña, donde un grupo de personas visita casas cantando aguinaldos y tocando instrumentos típicos como el cuatro, el güiro y las maracas.

Uso en oración: *"Anoche nos dieron una trulla sorpresa y terminamos bailando hasta el amanecer."*

Nota cultural: Las *trullas* son una tradición profundamente arraigada en la Navidad puertorriqueña. Grupos de amigos y familiares se organizan para sorprender a otros con música y alegría, recorriendo casas hasta altas horas de la madrugada. Al llegar a una casa, se canta y se espera que los anfitriones ofrezcan comida y bebida típica, como pasteles, lechón asado y coquito. En Puerto Rico se le conoce también como *parranda*.

TUMBAO

Significado: Actitud o estilo al caminar con confianza y fluidez, generalmente con un aire relajado y rítmico. Puede referirse también a un tipo de ritmo o cadencia en la música caribeña, particularmente en la salsa.

Uso en oración: *"La muchacha tiene un tumbao brutal cuando camina, parece que está bailando."*

Origen: Proviene del lenguaje musical afrocubano, donde *tumbao* hace referencia al patrón rítmico del bajo en la salsa y otros géneros caribeños. En Puerto Rico, la palabra evolucionó para describir tanto el ritmo en la música como la manera distintiva de moverse de una persona con seguridad y estilo.

TUMBE

Significado: Verbo que se usa para referirse a un robo, estafa o engaño. Puede aplicarse tanto a delitos menores como a situaciones en las que alguien se siente estafado o engañado en un negocio o trato.

Uso en oración: *"Me dieron tremendo tumbe cuando fui a comprar el teléfono y me cobraron el doble."*

Origen: La palabra *tumbe* proviene del verbo *tumbar*, que en su sentido original significa derribar o hacer caer algo. En el habla cotidiana puertorriqueña, evolucionó para describir el acto de quitarle algo a alguien, ya sea mediante robo o engaño.

TURULECA

Significado: Adjetivo que se usa para describir a una persona distraída, despistada o con comportamiento torpe y gracioso. También puede usarse para referirse a alguien que actúa de manera alocada o poco seria.

Uso en oración: *"María se puso turuleca cuando la llamaron al escenario y no sabía que decir."*

Origen: El término se popularizó a partir de la canción infantil *La Gallina Turuleca*, en la que el personaje principal es una gallina que parece atolondrada.

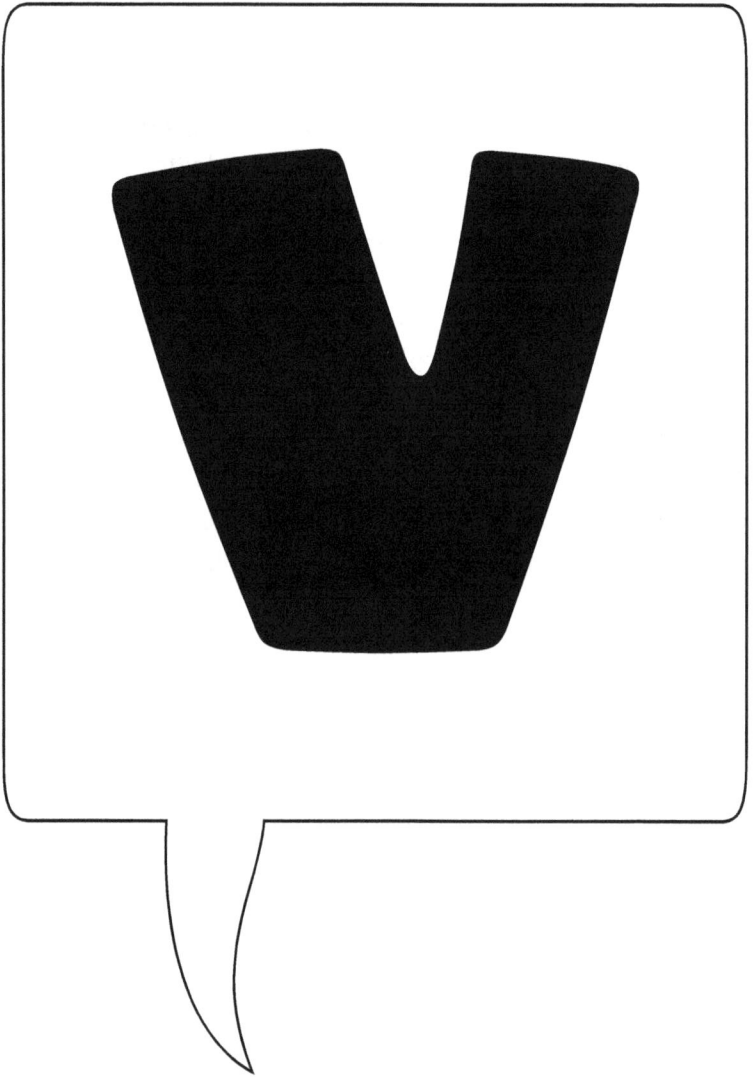

VACILÓN

Significado: Diversión, entretenimiento o jolgorio, generalmente en un ambiente relajado y festivo. Igualmente puede referirse a una broma o al acto de tomar algo con ligereza.

Uso en oración: *"Anoche el party estuvo a otro nivel, fue tremendo vacilón." "Deja el vacilón y ponte serio."*

Nota cultural: El término es ampliamente utilizado en el habla cotidiana de los puertorriqueños, especialmente entre los jóvenes. Se asocia con el ambiente festivo de la isla, la música y la cultura de la celebración.

VELLÓN

Significado: Se refiere tanto a la moneda de cinco centavos como el acto de burlarse de alguien de manera jocosa o en un tono sarcástico.

Uso en oración: *"Me faltan cinco vellones para poderme comprar el helado." "Siempre están montándome un vellón en la oficina."*

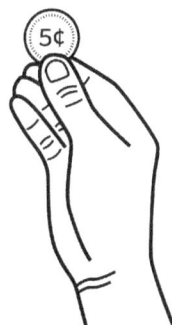

Origen: El uso de *vellón* para referirse a la moneda de cinco centavos proviene del español antiguo, donde el término se usaba para describir monedas de baja denominación. Con el tiempo, en Puerto Rico, el término también se usó para referirse a las burlas o chistes pesados, quizás por la idea de "quitarle valor" o "rebajar" a alguien con comentarios jocosos.

VIROLDO

Significado: Se refiere a algo torcido, doblado o en mal estado, ya sea un objeto o incluso una parte del cuerpo. También puede usarse para describir a alguien que camina o se mueve de manera desbalanceada, o una persona que está aturdida o desorientada.

Uso en oración: *"Ese clavo está viroldo, no sirve para colgar el cuadro." "Después de la caída, quedó caminando medio viroldo." "Después del golpe en la cabeza, estaba viroldo y no sabía ni dónde estaba parado."*

Nota cultural: Es una palabra del habla cotidiana puertorriqueña que se utiliza en conversaciones diarias, especialmente cuando se habla de objetos dañados o personas con una postura o caminar desalineado. También se emplea para referirse a alguien que, por efecto del cansancio, el alcohol o un golpe, luce confundido o fuera de sí.

VISNE

Significado: Expresión exclamativa en Puerto Rico utilizada como una variante eufemística de *Virgen*, empleada para expresar sorpresa o incredulidad.

Uso en oración: *"¡Ay visne, que susto me diste!"*

Origen: Deriva de la palabra *Virgen*, en referencia a la Virgen María. Con el tiempo, la pronunciación popular llevó a variaciones fonéticas como visne, vijne, vijen y virne, suavizando el término original.

WEPA

Significado: Expresión de alegría, emoción o entusiasmo utilizada para celebrar o reaccionar con entusiasmo ante una situación positiva.

Uso en oración: *"¡Wepa! Ganamos el juego." "Todos los que son boricuas griten: weeeeepaaaaaa!"*

Nota cultural: En Puerto Rico, *wepa* es una de las expresiones más icónicas de la cultura boricua. Se usa para saludar efusivamente, celebrar algo bueno, animar a otros o simplemente expresar felicidad. Su energía contagiosa refleja el espíritu festivo del pueblo puertorriqueño, que siempre encuentra razones para celebrar, ya sea en una fiesta, en un juego deportivo o en la vida cotidiana. Es común escuchar *wepa* en música de salsa, merengue y reguetón, consolidándolo como un símbolo de la identidad boricua.

WIPITI

Significado: Similar a *wepa*, los puertorriqueños utilizan esta frase para expresar algarabía y eufória.

Uso en oración: *"¡Wipiti, se acabaron las clases!"*

Origen: No tiene un origen definido, pero hay quienes piensan que proviene del inglés *wee!* o *whoopee!*

Nota cultural: Aunque no es tan común como *wepa*, *wipiti* es una expresión usada en Puerto Rico para reflejar el espíritu vibrante y espontáneo de los boricuas.

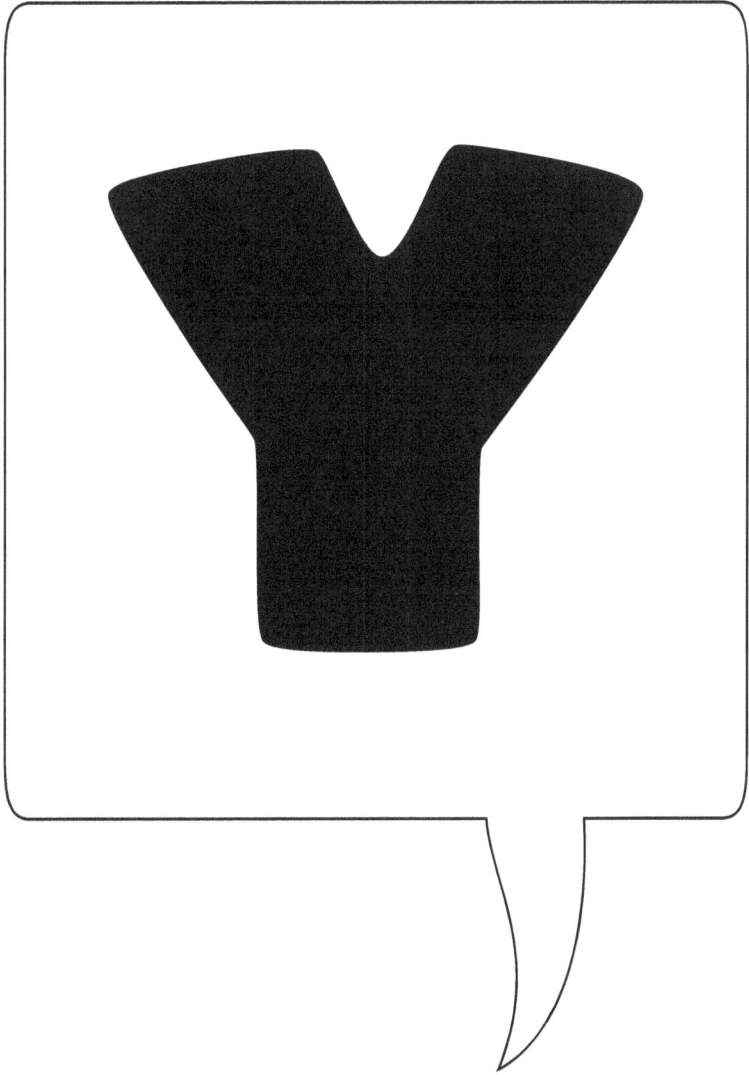

YAL

Significado: Término que se utiliza en Puerto Rico para referirse a una mujer joven, generalmente con un estilo llamativo, asociado a la cultura urbana y el reguetón.

Uso en oración: *"Esa yal tiene un flow brutal."*

Origen: El término *yal* proviene del patois jamaiquino *gial*, que significa "mujer" y es una variación de la palabra en inglés *girl*. Su uso se extendió a Puerto Rico a través de la influencia del dancehall y el reguetón, adaptándose a la jerga urbana boricua.

Nota cultural: *Yal* es muy común en la música urbana, especialmente en el reguetón de los años 2000. Aunque no siempre tiene una connotación negativa, en algunos contextos puede usarse de manera despectiva para referirse a mujeres que siguen un estilo de vida asociado al perreo y la calle.

YEYO

Significado: Se refiere a un desmayo, mareo o sensación repentina de debilidad. También puede usarse para describir una reacción exagerada ante un susto.

Uso en oración: *"Vi cuanto costaba y me dio zendo yeyo."*

Nota cultural: En la cultura puertorriqueña, el término *yeyo* se usa comúnmente en un tono humorístico para describir cuando alguien se impresiona demasiado o reacciona de manera dramática.

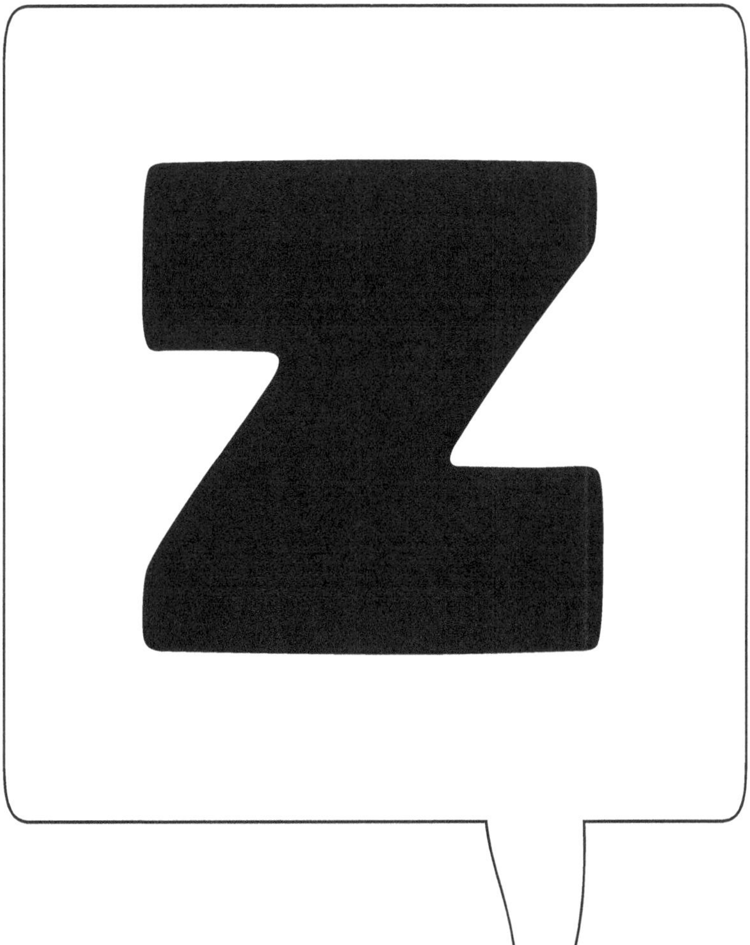
Z

ZAFACÓN

Significado: En Puerto Rico, *zafacón* es el término utilizado para referirse a un bote de basura o recipiente donde se desechan residuos.

Uso en oración: *"Bota esa botella en el zafacón, por favor."*

Nota cultural: Esta palabra es de uso común en todos los contextos, desde hogares hasta espacios públicos. Aunque en otros países de habla hispana se usan términos como *basurero*, *cesto de basura* o *papelera*, en la isla, *zafacón* es la palabra preferida.

ZAPATEARSE

Significado: Se refiere a la acción de evadir una responsabilidad, huir rápidamente de un lugar o evitar enfrentar una situación. Puede usarse para describir a alguien que escapa de un compromiso, abandona una tarea sin previo aviso o simplemente se aleja de un problema para no tener que lidiar con él.

Uso en oración: *"No te zapatees ahora, fuiste tú quien dijo que podía hacerlo." "Cuando vieron que venía el jefe, todos se zapatearon para no estar visibles en la oficina."*

Origen: El término proviene de la acción de *zapatear*, que originalmente se refiere a golpear el suelo con los pies, como en el baile flamenco. En este contexto, la palabra evolucionó en Puerto Rico para representar un escape apresurado, como si alguien saliera corriendo rápidamente para huir de algo o alguien.

ZOQUETE

Significado: Adjetivo que se usa para describir a una persona torpe, de poco entendimiento o que comete errores frecuentemente. Puede también referirse a algo grueso, tosco o mal hecho.

Uso en oración: *"Ese zoquete siempre se tropieza con la misma piedra."*

Origen: La palabra *zoquete* proviene del español y originalmente hacía referencia a un pedazo grueso de madera sin pulir. Con el tiempo, su significado se extendió para describir a personas consideradas rudas, poco hábiles o testarudas.

ZUMBAR

Significado: En la isla, *zumbar* tiene varios significados dependiendo del contexto. Puede referirse a lanzar algo con fuerza, hacer un ruido fuerte, moverse rápidamente o incluso decir algo sin filtro.

Uso en oración: *"Voy a zumbar la pelota bien duro para que no la cojas." "El carro me pasó zumbao por el lado." "Se puso a zumbar comentarios sin pensar y los ofendió a todos."*

Nota cultural: En la jerga puertorriqueña, *zumbarse* también puede usarse para referirse a hacer algo con determinación o atrevimiento. Frases como *"Me zumbé y hablé con ella"* implican que alguien se atrevió a hacer algo sin miedo. Además, *zumba* se usa como una expresión de ánimo o sorpresa, similar a "¡Dale!" o "¡Wow!"

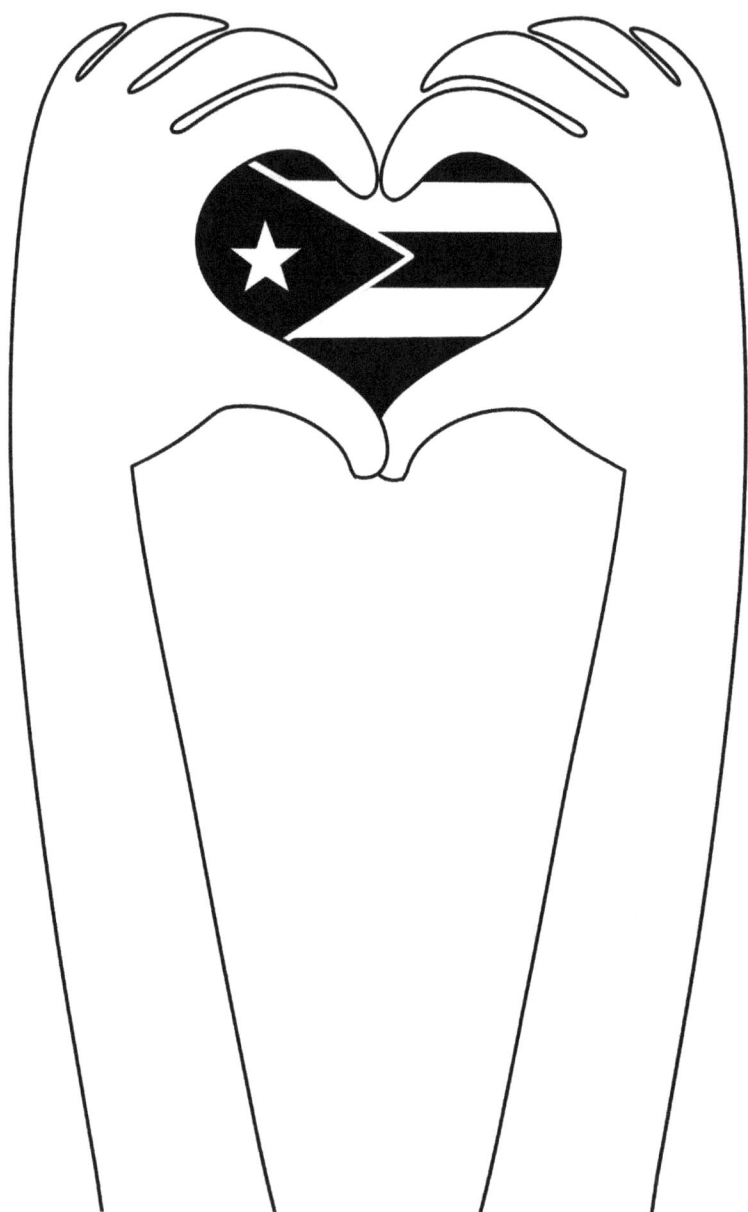

JUEGO: ¿CUANTO SABES DEL HABLA BORICUA?

Pon a prueba tu conocimiento de la jerga puertorriqueña con este divertido juego. Hay cuatro secciones: **"Completa la frase"**, **"¿Qué significa?"**, **"Encuentra la palabra"** y un crucigrama. ¡Vamos a ver cuántas aciertas!

PARTE 1: COMPLETA LA FRASE

Llena los espacios en blanco con la palabra correcta de la jerga puertorriqueña.

1. Me di tremenda _____ después de comerme ese mofongo con chuletas. (Comer en exceso)
2. ¡Ay bendito! Se me cayó el helado en la acera...qué _____. (Sinónimo de mala suerte o salación)
3. Hay que tener _____ para parase a hablar frente a toda esa gente. (Valentía, atrevimiento)
4. No le creas nada, todo lo que dice es pura _____ _____. (Cuentos fantásticos)
5. La nueva canción del reguetonero es una _____ directa para su rival. (Ataque dirigido a otra persona)

PARTE 2: ¿QUÉ SIGNIFICA?

Elige la opción correcta para cada palabra.

"Sato" significa:
a) Perro de raza mixta
b) Persona desorientada
c) Algo desordenado

"Perse" se usa para describir a alguien que está:
a) Muy nervioso o sospechoso
b) Super relajado
c) En modo fiesta

"Tumbe" es un término que hace referencia a:
a) Un robo o estafa
b) Un golpe fuerte
c) Bailar con estilo

"Añoñao" describe a una persona:
a) Que es muy consentida
b) Con pocas ganas de hacer algo
c) Con un carácter difícil

"Revolú" es sinónimo de:
a) Un gran desorden
b) Un secreto bien guardado
c) Algo increíblemente hermoso

PARTE 3: ENCUENTRA LA PALABRA

Adivina la palabra con la pista dada.

Moneda de cinco centavos o el acto de burlarse. _ _ _ _ _ _

Estructura improvisada o mal construida. _ _ _ _ _ _

Se usa para referirse a un tiempo fuera (timeout). _ _ _ _ _ _

Autobús o cualquier vehículo grande. _ _ _ _ _ _

Una persona sensible que se indigna fácilmente o un ave negra (Quiscalus niger). _ _ _ _ _ _

PARTE 4: CRUCIGRAMA

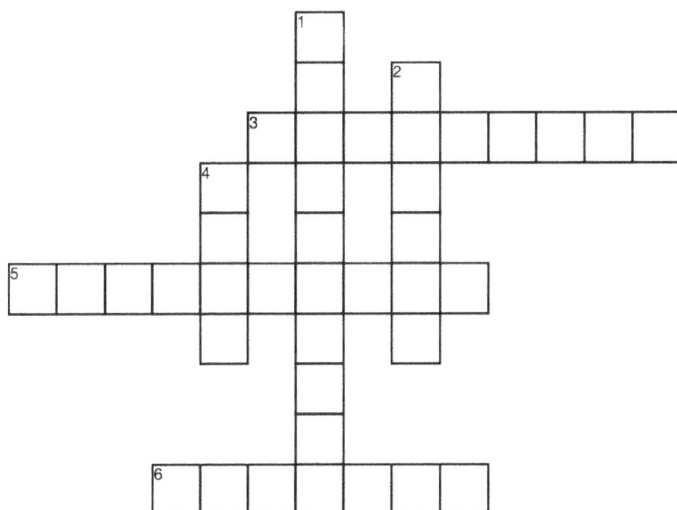

HORIZONTAL

3. Aperitivo frito que se hace a base de bacalao salado desmenuzado, mezclado con harina, especias y otros ingredientes.

5. Verbo que se usa para describir cuando algo se cocina o se expone al calor en exceso, al punto de quedar quemado.

6. Persona muy estudiosa y dedicada al aprendizaje, generalmente alguien que saca buenas notas.

VERTICAL

1. El término proviene del nombre de la ciudad de Guaynabo, que ha sido considerada históricamente una de las áreas más prósperas de Puerto Rico.

2. Una persona destacada, influyente o muy respetada dentro de su círculo social, especialmente en contextos urbanos o del reguetón.

4. Mentira, exageración o embuste.

(Respuestas en la página siguiente)

RESPUESTAS AL JUEGO

Parte 1: Completa la frase
1. *Jartera*
2. *Salaera*
3. *Babilla*
4. *Guasa Guasa*
5. *Tiraera*

Parte 2: ¿Qué significa?
a, a, a, a, a

Parte 3: Encuentra la palabra
Vellón, Rancho, Tembol, Guagua, Chango

Parte 4: Crucigrama

					¹G			²C					
					U			C					
				³B	A	C	A	L	A	I	T	O	
			⁴F	E	Y			A					
			E		N			N					
⁵A	C	H	I	C	H	A	R	R	A				
			A		B			I					
					I								
					T								
		⁶E	S	T	O	F	Ó	N					

¿Como te fue? Si acertaste todas, eres un verdadero experto en el vocabulario boricua. Si no, ahora tienes nuevas palabras para usar. ¡Sigue practicando!

Agradecimientos

Este libro no habría sido posible sin el apoyo, la inspiración y las risas compartidas con tantas personas especiales.

A mis profesores, Eric Rosenfeld, Suzanne Johnson y Kimberly Lomas, cuyas palabras de aliento me hicieron sentir que, tal vez, sé lo que estoy haciendo. Su guía y conocimiento han sido invaluables en este proceso.

A mi editora Raquel González, gracias por tu paciencia y dedicación en todo momento.

A mis amigas de la infancia, Aida y Jessica, que me llevaron de vuelta al pasado y me ayudaron a recordar palabras que de otro modo se habrían perdido en el tiempo.

A Keilly, la "misi" de Naranjito, por ponerme al día con el coloquialismo de la montaña, y a su hija Kariellys, quien le dio un giro *Gen Z* a la conversación.

A mami, quien hablaba en frases la mitad del tiempo y me enseñó a amar el lenguaje con su manera única de ver el mundo.

A mi esposo y cómplice, que con solo decir "brincar" me responde con un: ¿cuán alto? Su apoyo incondicional y complicidad hacen de cada día una aventura.

Finalmente, a mis hijos, mi motor y mi inspiración diaria. Gracias por ser mi razón para seguir creando y soñando.

Y, por supuesto, un reconocimiento especial al internet, porque, vamos a hablar claro, en esta era moderna nos permite tener la información literalmente en nuestras manos.

¡Gracias a todos!

¿QUE ES LA QUE P·ERRE?

¿Hay una palabra que usas y no ves aquí?
Avísanos y mándanos tu jerga a: